生活因阅读而精彩

生活因阅读而精彩

亚马逊CEO贝索斯传

高文喆 ● 编著

谁是互联网
下一任帮主

天赋得来很容易，而选择却颇为艰难。
——Jeff Bezos（杰夫·贝索斯）

中国华侨出版社

图书在版编目(CIP)数据

谁是互联网下一任帮主:亚马逊 CEO 贝索斯传 / 高文喆

编著. —北京:中国华侨出版社,2013.2

　ISBN 978-7-5113-3242-4

　Ⅰ.①谁…　Ⅱ.①高…　Ⅲ.①贝索斯,J.-传记

Ⅳ.①K837.125.38

　中国版本图书馆 CIP 数据核字(2013)第019345 号

谁是互联网下一任帮主:亚马逊 CEO 贝索斯传

编　　著 / 高文喆

责任编辑 / 尹　影

责任校对 / 孙　丽

经　　销 / 新华书店

开　　本 / 787×1092 毫米　1/16 开　印张/17　字数/240 千字

印　　刷 / 北京军迪印刷有限责任公司

版　　次 / 2013 年 4 月第 1 版　2020 年 5 月第 2 次印刷

书　　号 / ISBN 978-7-5113-3242-4

定　　价 / 48.00 元

中国华侨出版社　北京市朝阳区静安里 26 号通成达大厦 3 层　邮编:100028

法律顾问:陈鹰律师事务所

编辑部:(010)64443056　　64443979

发行部:(010)64443051　　传真:(010)64439708

网址:www.oveaschin.com

E-mail:oveaschin@sina.com

前　言

　　我们无法估量每一个 IT 人的未来，每一个人都有可能成为下一个贝索斯，至少，我们有这个可能性。作为现如今全球最大的在线零售商亚马逊的掌门人，杰夫·贝索斯在创业前也想不到自己可以成为现在的样子，所以说，所有人的能量都是无法估量的，就比如贝索斯，谁会知道哪一个富有激情的创业者也可以创造如此的奇迹。

　　贝索斯，亚马逊公司总裁，《时代周刊》的风云人物，打垮不可一世的巴诺，吓坏美国音像的龙头 CDNOW 和 N2K，一统了美国电子商务的江湖，亚马逊成了武林正统，而贝索斯则成了武林盟主，而那年，他还不过只是一个毛头小子。在外界看来，贝索斯是个神奇的火星人，因为他总在传统眼光的关注当中一次又一次地挑战传统，并打破传统的理念，还获得了让人觉得不可思议的成功。这个无所畏惧的年轻人，在互联网界用自己的方式谱写了亚马逊的历史。

　　亚马逊上市 15 年，亚马逊的收获几乎让所有人折服，2011 年的收益高达 480 亿美元，净利润也有 603 亿美元，市值更是接近千亿美元，贝索斯给所有亚马逊投资者的回报超过了百倍。亚马逊几乎已经是互联网界新的精神领袖。曾有一句著名的话说："先有梦想家再有实践者。"这句话用来形容贝索斯这个凭借自己的梦想创造了互联网奇迹的人，实在是太贴切不过了。这个商业奇迹让亚马逊被推崇为"电子商务之王"，他的进取心和广阔的视野，以及他所拥有的无限扩张能力都已经帮助后来的人们构建了一个完整的电子商务世界。

贝索斯几乎革命性地改变了全球消费者的传统购物方式，而且他在亚马逊内部所推行的创新机制也让业界改变了对员工的管理模式，以及对企业的经营模式，这不但为未来电商界的发展指明了道路，也激发了众多投资者对互联网购物和网站的创建热情。

IT界是一个创造奇迹的地方，贝索斯就是这个奇迹，无论是英雄造时事，还是时事造英雄，贝索斯就是这个英雄，而如今这个IT时代便是时事。无论是比尔·盖茨、马克·扎尔伯格还是正如上面所提到的这位贝索斯，每位都英雄出少年，凭着一个想法、一个主意创造一个帝国。除去英雄和时事之外，还有最重要的两点，一是创造力，二是对技术的执着力。曾经有一个教授说过：在知识领域，最关键的是创新速率和探研深度。他们的成功就是这个道理。

当所有人都还不知道"电子商务"是何物的时候，还在讨论"电子商务"的定义的时候，贝索斯已经用自己的行动向所有人证明了什么是电子商务，还证明了只有他的模式可以为电子商务带来历史性的变革，亚马逊也成了网络上的第一个电子商务品牌，而这个品牌的背后就是贝索斯，他用一种惊人的方式和速度缔造了亚马逊的神话。

或许在未来的某一天，我们可以看到这么一位年轻人，不修边幅地坐在巴诺的咖啡厅里，勾画着一个IT帝国的蓝图。这个年轻人，可能是贝索斯，也可能是你。

目 录

上 篇
神奇和无所不能的火星人

下 篇
贝索斯的 10 个领导力

第十一章 节俭出利润——坚定不移地向浪费"开战"

第十二章 服务与营销——70%用于优化服务,30%用于吆喝

第十三章 企业文化氛围——既和睦融洽又紧张激烈

上 篇

神奇和无所不能的火星人

把贝索斯称为火星人，一点儿都不为过，因为有太多业界的人企图通过不同的手段去形容这个特殊的创业者的前半生，结果发现他是不按常理出牌、无所不能的特殊角色，所以火星人或许是形容他的最好方式。创办亚马逊是贝索斯献给自己的礼物，同时也是献给这个世界的一份大礼。究竟是什么让亚马逊诞生的呢？这个火星人是如何定义自己的亚马逊的呢？他的神奇只有他自己的人生才可以解释。

第一章
坚决拆掉婴儿床的个性小子
——贝索斯的童年

童年对一个人的影响是深刻的，一个人成长以后的行事风格很多都源于他童年的记忆，贝索斯也不例外。作为亚马逊的创始人，神奇的贝索斯拥有一个爱自由的童年，而这一切个性都在他创立亚马逊的过程中也充分得到了反映。

善良比聪明更难

在贝索斯的记忆中，童年时的夏天都是和德州的祖父母一起在农场中度过的。那些在农场里度过的夏天里，他常常帮祖父母做些力所能及的家务，例如修理风车或是给牛接种疫苗。每天下午，他还会和祖父母坐在一起看肥皂剧，印象最深的就是那部《我们的岁月》。贝索斯记得他的祖父母曾参加过一个房车俱乐部———一个由一群常常驾驶 Airstream 拖挂式房车的人们所组成的俱乐部，俱乐部的成员最经常做的就是相邀驾车游遍美国和加拿大。贝索斯曾回忆说，小时候的他每隔几个夏天也会亲身参加一次这样的俱乐部活动。那个时候，祖父家的房车是挂在自家的小车后面的，一家人由祖父驾车，跟随由300多名俱乐部探险者一同出游。

对于儿时的贝索斯来说，这样的旅行是他真心向往参加的，只因为他喜欢和他所崇敬的祖父母一起出游。他还很清楚地记得10岁那年的那次旅行，依旧是祖父驾车，祖母坐在祖父的身边，吸着烟，而自己照例坐在小车后座的长椅上，那时候的他是极讨厌烟味的。

当时，小贝索斯立刻想起了自己曾看过的一则广告。其实，贝索斯自己也曾经提到过，儿时的自己最爱干的事情就是找一些小借口或是理由来进行一些小算术和小估测，例如计算日常的汽车油耗、计算日常生活的杂物开销，等等，这都是童年时的他经常做的事情。这一次，他想起的这个香烟广告，大致内容无非是举出例子，人每吸一口香烟便会减少大约两分钟的寿命，以此来劝说人们减少吸烟的次数。而对于小贝索斯来说，这是个绝好的计算公式，他决定为祖母做一次测算。他想了想祖母一天要吸几支香烟，而每支香烟大致要吸多少口，再借用那个广告里的公式，心满意足地推算出了一个合理的结论。于是，他捅了一下坐在前排的祖母的头，还拍了拍她的肩膀，很满意地宣布自己计算出的结果："如果你每天吸两分钟的烟，那么你将少活9年。"

接下来发生的事情就有点儿出乎小贝索斯的意料了。正当小贝索斯还在为自己的计算结果期待获得祖父母的赞许的时候，不料，他的祖母却大声地哭了起来。此时，原本默默开车的祖父把车停靠在了路边，走下车来，打开了后排的车门，等着小贝索斯跟他一起下车。下了车的小

贝索斯跟在祖父后面，内心忐忑不已，不知道是不是自己做错了什么惹怒了一直都很有智慧却有些沉默的祖父，他害怕祖父会因此严厉地批评他，毕竟此前慈祥的祖父从未因为什么事情批评过小贝索斯。这难道会是第一次？小贝索斯不禁想到。就在困惑着的小贝索斯还在担心祖父会不会要求他回车里跟祖母道歉的时候，祖父突然在房车前停下了脚步，注视着小贝索斯，沉默了一会儿，很平静地说："杰夫，我的孩子，总有一天你会明白，善良要比聪明重要得多，也更难得多。"

今天的亚马逊与童年的贝索斯

正是因为有了贝索斯的童年，才有了亚马逊的创始，应该说贝索斯个人的童年生活对日后创始亚马逊有着深刻的影响。贝索斯是个极爱宠物的人，直到现在亚马逊仍是为数不多的允许员工可以带着宠物上班的公司。

亚马逊的发展不到 20 年，却已经将自己的影响推广到了世界各地，这正如贝索斯当初选择"亚马逊"一词作为自己的公司名称一样，自己的公司确实如那条历史悠久、水量巨大的河流一般，誉满全球。其实最初贝索斯给自己的公司注册了一个很是雷人的名字——Cadabra，很多人将其认为是 Abracadabra 的缩写，而 Abracadabra 的中文意思是胡言乱语，当然也有不少人认为这个和尸体"cadaver"一词发音相近的词语背后应该是个和殡葬服务业务相关的公司。

公司创立初期，贝索斯对自己的公司尚未有长远的规划，这一点从他公司的选址上就可见一斑。亚马逊最初创立于西雅图，而非加利福尼亚，理由是贝索斯认为加利福尼亚这种靠收取销售税为主要赢利渠道，且人口密集的州与他公司的邮购业务理念不符，相比之下，离大型图书批发中心更近的西雅图显然更适合他公司业务的发展和扩大。在这样的理念之下，贝索斯带着他的家人，驾驶着自己的老式雪佛莱汽车在西雅图开始了自己的创业梦想。

生于1965年的杰夫·贝索斯（Jeff Bezos）出生在美国新墨西哥州的一个普通家庭，而后在普林斯顿大学获得了电子工程学和计算机双学士学位。大学毕业以后就任职于纽约的一家银行家信托公司，4年后就凭借着自己的努力成为了华尔街最年轻的公司副总裁。但随着互联网经济的兴起和发展，越来越多的人看到了这其中的商机，其中也包括了年轻的贝索斯。确切地说，贝索斯和互联网结缘并不是从亚马逊开始，在信托公司工作时，贝索斯就在自己老板的安排下主要负责开发公司互联网方面的新业务，只不过当贝索斯向器重自己的老板提出要发展图书在线销售业务时，老板拒绝了他的建议。

贝索斯对互联网销售感兴趣之处在于他默默在心里列举了多达20种可能适合进行互联网销售的商品，其中有图书、音像制品、杂志、家用电脑和软件，等等。经过反复考虑之后，他还是锁定了图书，他之所以这么做的原因只是源于他看到了当时美国庞大的图书市场。当时美国的图书年出版量将近130万，而音像制品仅有30万种，况且这些数量远远不及图书的音像制品还被六大音像公司所控制，而图书市场尚未形成垄断，这是一块还未开垦过的处女地。贝索斯正是把自己的创业梦想

种植在了这块处女地上，他不但看到了年出版量 130 万的美国市场，更是盯上了全球 300 多万图书的年出版量。被自己的老板拒绝了的贝索斯最终决定离开信托公司，为自己的图书网络世界而奋斗。

1994 年，从信托公司辞职了的贝索斯凭借 30 万美元的启动资金注册了名为 Cadabra 的公司，不久以后，对该公司不满意的贝索斯又有了新的想法，后来亚马逊的第一代员工回忆起当年的情景时说道，有一天，贝索斯对公司的所有员工说，自己想用世界上最长的河流亚马逊——Amazon 来命名自己的公司，用意是希望自己的公司在将来的发展当中不论规模还是内容都可以是最好的。此外，更重要的一点是这个名字是以 A 开头的，这使得亚马逊在各大搜索引擎中都可以位列首位，也预示着亚马逊的前景。

从 1995 年 8 月贝索斯通过互联网卖出第一本书开始，贝索斯的自主创业梦想就从开垦这块处女地开始，一步一步走到今天。如今的亚马逊已从当年仅有 3 名员工的小公司发展到在全球拥有上万名员工的跨国公司。

童年时期的贝索斯就是个很善于动手的孩子。3 岁的贝索斯就试图用螺丝刀拆掉自己睡的小床周围那些在他看来很是多余的围栏。他是个喜欢自由的人，更是个喜欢小动物的人，这或许和他儿时在外公的牧场里长大有很大的关系。除此以外，在外公的牧场里，童年时的贝索斯还学会了修理水泵等技术活。

亚马逊第一代的员工，主攻编程的 Shel 曾经回忆过这么一件事情，某天早上他刚到办公室时，贝索斯就拍拍他的肩膀说："今天大家放假吧，一起去雷尼尔山，再不去，那今年就要过去了。"随后 3 人放下了手上的工作一同到了雷尼尔山痛痛快快地玩了一整天。不少曾经在亚马逊工作过的员工都知道，他们的老板贝索斯经常表现出顽童的一面，时不时就会趁员工下班走出办公室时用玩具水枪喷他们。

贝索斯在学生时代写过这样一篇日记："当我拿自己和其他同学比较的时候就会发现，我身边有3个同学的物理成绩比我好，且物理天赋也比我强，他们可以不耗费比我多的时间就可以取得比我好的成绩，因此我知道自己是成不了物理学家的。"认识到自己这一不足的贝索斯最终选择了计算机，很明显他这么做是为了取长补短。清晰地认识到自己的缺陷，从而更好地发挥自己的优势比什么都重要，对于这一点，贝索斯在自己身上做到了，并且在亚马逊的发展初期也做到了。

亚马逊的发展初期也不是一帆风顺的，和众多创业者一样，贝索斯也面临了创业初期的资金问题，还有互联网的技术问题。互联网经济最主要依靠的是互联网，贝索斯和他的亚马逊遇到的第一个困境就是没有人曾经摸索过如何编写网站程序，他们必须在公司经营的过程中边摸索边前进。此外，亚马逊作为一个在线销售图书领域第一个吃螃蟹的公司，在短期内也很难得到出版商的充分认可，贝索斯当时能做的就是磨破自己的嘴皮子一家一家地去游说出版商。

很多人在接触网络图书销售的初期就认为网络不过是虚拟的事物，号称有百万个图书商品在售，看起来不过就是百万个书名罢了。更有人认为若是有其他人和贝索斯有相同的创业理念，也开始经营网络图书销售业务的话，亚马逊存在的时间就不会太长，然而时间证明了贝索斯的决定并没有错，亚马逊在很短的时间内就创下了销售奇迹，让曾经不把亚马逊放在眼里的人看得瞠目结舌。亚马逊仅仅用了3周的

时间就将营业额提高到了 1 万美元，此后营业额更是以几何倍数的增长方式增长。

贝索斯用自己的创业智慧和能力在 3 年的时间里把亚马逊打造成了世界上最大的网络书店。那时的亚马逊有固定客户 1310 万，在售的图书总量为 300 万种，超过了当时的任何一家线下书店。2000 年年底，亚马逊的客户群体已经从美国扩张到了世界各地，销售额也高达 80 亿美元，已经从最大的网络书商一跃成为世界上销售量最大的网络销售商。

当然，有一点不可否认的是，亚马逊能在如此短的时间内取得让人惊喜的成功和互联网的巨大发展不无关系。从亚马逊创立的那一天开始，贝索斯就十分重视互联网给自己的公司带来的作用，亚马逊的发展轨迹说明了贝索斯依靠互联网的发展策略确实取得了成效。如果没有贝索斯制统配的战略，或许亚马逊一早就埋没在了众多互联网公司当中，悄无声息地存在，还可能悄无声息地消失。

实际上，贝索斯是个很"固执"的人，这一点不但表现在他对亚马逊未来发展战略的制定上，并且在与客户的关系上也是如此，甚至有时还有些"偏执"。亚马逊从卖出第一本书开始，就很重视对客户信息的收集，只要客户在亚马逊消费过一次，那么客户的相关信息，诸如通信地址和信用卡账号就会被自动安全地储存在亚马逊的用户库里，下一次购买商品的时候，系统会自动为消费过的客户生成订单。此外，亚马逊还很贴心地根据每一个客户不同的喜好，为其推荐好书或是可能感兴趣的书目共其选择。这种做法在如今看来已经是众多电商的一种普遍做法，但作为首创者，亚马逊的客户服务意识应该说是首屈一指的。

　　贝索斯对客户的重视并不仅限于此，他对电商界的服务还提供了另一项重要的发明。贝索斯在购买商品的网页上公开了所有购买过该商品的客户的评价，无论好坏都列举在网页上，这样的做法很显然给后面的购物者提供了非常有价值的参考。曾经有人问过贝索斯，为什么不屏蔽掉那些负面的评价，贝索斯很淡定地回答，不论自己怎么做，目的只有一个，就是让顾客选对商品，而不是买错。

第二章
创立"梦想"协会
——青年岁月的创业萌芽

创业是众多年轻人的梦想，但真正有能力将自己的梦想付诸实施的人却不多，只有怀抱梦想并努力去实现梦想的人才是伟大的人，贝索斯恰好就是这么一个典范。

选择缔造伟大

贝索斯曾经说过，对于每一个人来说，聪明是上天赋予人的，是人的天赋，而善良则是人的一种选择，天赋和选择两者是截然不同的。天赋是与生俱来的，人无须选择，而选择是人自主作出的，这显然要比具有天赋难得多。有时候，人难免会被天赋所诱惑，被迫做出不利于自己或是身边人的选择。但是如果人们可以很好地利用自己的天赋作出适当的选择的话，那么结果势必会让大家为自己的天赋而感到自豪，更为自己所作出的选择而感到骄傲。

时间追溯到 18 年前，那是个互联网正在高速发展的时期，刚满 30 岁的贝索斯惊讶地发现这个产业正在以一种空前的速度发展，每年的互联网使用量都在以 2300% 的速度增长，他的心里萌生了一个利用高速发展的互联网创建涵盖上百万册图书的网上书店的想法，这是个前人从未有过的想法，因为这一想法在现实生活中根本无法实施，而当下互联网却提供了这种可能性，这么一来，年轻的贝索斯感到无比兴奋。

年轻的贝索斯将这一几近疯狂的想法告诉了自己的新婚妻子 MacKenzie，并告诉她自己想辞去现有的工作全身心地投入这项事业。事实上，那时就连贝索斯自己也说不清楚将来会是怎样，他知道大部分的创业公司都可能会落败，自己也很难预料自己的这一次创业结果会如何。但尽管如此，贝索斯的妻子 MacKenzie 很支持他的想法，认为他可以为自己的想法放手一搏。曾经发明过用水泥填充的轮胎、雨伞和锡箔，以及用报警器制作了自动关门器的贝索斯让妻子 MacKenzie 始终相信他的能力，且支持他的一切疯狂的想法。

有了妻子的支持，贝索斯当时还必须要做的就是辞去那份看起来还算是不错的工作。当时的贝索斯任职于纽约的一家信托公司，老板和同事们的工作能力都很强，贝索斯在工作上并没有感到不快，但这一次他必须辞职。当贝索斯向自己的老板透露自己想开设一家网络书店的想法后，老板带着他到纽约的中央公园散步，认真仔细地听完贝索斯的创业理想，最后他肯定了贝索斯的创意，只不过在他看来，这个想法似乎更适合那些暂时还没有找到理想工作的年轻人，而不是当前这种状态下的贝索斯。因此，老板很理智地说服贝索斯在作出辞职决定之前再好好思考 48 小时。

贝索斯心里很明白，老板所说的逻辑确实很有道理，这样一来，似乎自己要作出最终的抉择就变得越来越难了，但是贝索斯还是决定放手一搏，毕竟对他来说，有了想法却不付诸实践的做法远比实践后落败更让自己难过，于是，经过一番深思熟虑之后，贝索斯坚定了自己的想法，即便结果还不得而知，但他仍然为自己作出的选择以及付出的行动而感到骄傲。

主动挑战机遇

贝索斯说过，当一个人活到 80 岁时，追忆一生就好像是静静地对着自己的内心诉说一个个曾经经历过的人生故事，这其中那些最充实、最有意义的部分一定和自己这一辈子做过的每一个有意义的决定有关系。

选择可以让人摆脱惯性的引导，不再墨守成规，而是勇于创新，尤其是那些让自己感到有价值的、有意义的决定无一不让自己兴奋不已。伟大的选择是遵循个人内心的热情，从零开始塑造人生轨迹的重要途径。因此，正是贝索斯自己的伟大选择缔造了他的人生，缔造了他的伟大。

试想一下，如果贝索斯没有辞职，一直在那个信托公司供职的话，尽管他年轻时可以是华尔街最年轻的副总裁，但多年后该有的结果也应该和大家所熟知的"伤仲永"的故事结局一样，再有才华、再有梦想的人也会因此而碌碌无为，埋没了自己的才华。

有句俗话说得好，机会总是垂青那些有准备的人，很多人因此在自己的人生道路上无奈地等待，还美其名曰为准备，如此被动地等待机遇其实相当于在浪费一个又一个可能就在眼前的机会。因此，机会之所以会垂青有准备的人，就在于那些人发挥自己的主观能动性来作出伟大的选择，去挑战每一个从自己的人生中经过的机会。贝索斯创办亚马逊之初并没有太多人看好他的想法。20 年前，电子商务行业，或者说互联网行业对很多人来说还是极为陌生的一个行业，这个看不见、摸不着的网络在不少人认为是虚拟的，是创造不了巨大的价值的，于是华尔街上众多和贝索斯一样的年轻人更愿意把自己的青春和热情投入到传统行业中，而不会和贝索斯一样去冒如此大的风险。

上文就曾经提到过贝索斯从小就是个善于动手，且心怀梦想的孩子，这些特质在长大以后的贝索斯身上也依然具备。亚马逊的前身 Cadabra 最初只有 3 名员工，除了两名专门负责编写在线书店网页程序的员工以外，就是贝索斯自己了，他不仅是这个公司的管理者、法人代表，同时还要亲自给公司写商业计划、做各种评估，可以说当时贝索斯的工作已经涵盖了从进货到最终出货的所有环节。那个时候就有人不是很认可贝索斯的创业做法，毕竟类似如此的公司是史无前例的，如此的经营模式更是让人感到无比惊讶，只不过贝索斯这个小时候就企图拆掉自己小床的"怪小孩"似乎个性一贯如此，如果说他所做的事情总让人难以理解的话，那么他创业梦想的结果好像更让人难以置信。正是这个只有 3 名员工的小公司却一而再、再而三地缔造了电商界的奇迹，它把电子商务真正带进了人们的日常生活当中，彻底改变了人们传统的消费

方式，最终发展成为了世界上最大的在线销售商。细想起来，贝索斯所创造的所有奇迹都源于他的勇气，他主动挑战人生中机遇的勇气，以及那份对自我梦想的真诚的执着。正是童年培养出来的动手能力使得他可以勇敢地为了自己的梦想而前行，不但作出了人生最惊世骇俗的选择，还主动地去迎接机遇的到来。从这一点上来说，机遇垂青的就是这一类人。

贝索斯创业梦想在最开始不过是看到了互联网可能给他带来的机会，但他那个在很多人眼里十分"天真"的关于网络书店的梦想却没有明确的可能。此后的很多年，互联网经济发展的不确定性给贝索斯也制造了诸多障碍，但贝索斯没有一次因此望而却步。与其说贝索斯是偏执狂，还不如说这个伟大的人特别擅长去进行一次又一次的挑战，而挑战和机遇是并存的，在挑战的过程中，上帝给了他别人所没有的机遇。

缔造梦想的青年

早在创办亚马逊之前，贝索斯就是拥有梦想的青年。说他是年少有为的青年一点儿都不为过。由于儿时受到母亲和祖父母科技兴趣培养的影响，他从小喜欢一个人待在屋里，埋头于各种科幻小说、文学经典著作当中，痴迷于各种想象力、创造力带给他的兴趣。到了中学毕业的那年暑假，贝索斯就和自己的好朋友 Uschi 第一次当上了"老板"，他们创办了一个名叫"Dream Institute"的暑假学习班，主要针对五年级的学生。这是贝索斯人生中的第一次创业，也是他把自己期待已久的创业梦想第一次付诸实施并积极按计划推进的时期。当时的学习班向每位前来学习的五年级学生收取 150 美元，培训期为期 2 周，贝索斯和他的朋友主要教授那些比他们还小的孩子有关于矿物燃料、裂变、星际旅行、太空殖民地、黑洞、电流等物理小常识。贝索斯当时和他的朋友为了吸引家长关注，还给自己的培训班写了一段广告宣传语——"Dream Institute 课程强调用新的方式思考旧的领域"。不可否认的是，刚刚中学毕业的贝索斯和 Uschi 这次的尝试是非常成功的，他们做得非常出色，那些比他们小的孩子到了学习班后非常喜欢他们所讲授的内容，喜欢他们所普及的空间科学、物理科学等科学知识。之所以可以有这么大的成功，就因为贝索斯和他的朋友们给孩子们创造了一个有别于课堂的、开放的、自由的学习氛围。

中学毕业以后的贝索斯进入了普林斯顿大学主修物理学科，在那里学习的贝索斯并不是所有领域最为优秀的学生，但他并不因此而感到气馁，因为另一个全新的领域在向他招手，他找到了自己的兴趣点所在，这或许也是此后他梦想的一个小小的萌芽。他在接受《Wired》的采访时就说道："普林斯顿教会我一个很重要的事情，那就是我不够聪明成为一个物理学家。"他迅速发现自己更愿意学习一些关于计算机科学的知识，于是他开始转移自己的学习重心，并很快证实了自己在计算机方面确实存在一定的天赋。

大学毕业后的贝索斯和众多大学毕业的有为青年一样，进入了一家新创业的科技公司 Fitel，开始了自己梦想起航的旅程。Fitel 在当时来说是一个计算机公司，它所搭建的计算机系统服务于连接券商、投资公

司、银行的不同电脑，让其自行交易。不到一年的时间，贝索斯就在 Fitel 从经理升到了助理总监，后来又成了公司的副总裁。之所以在如此短的时间内，贝索斯可以有如此大的晋升，这和他自身的创意思维有很大的关系。有一次，Fitel 的总裁让贝索斯准备一份和客户谈判时使用的材料。当贝索斯按照总裁的要求准备好材料之后，心想既然此份材料是用于客户谈判，那就应该先去研究一下客户的喜好，这样或许可以在谈判中迅速拉近和对方的感情。当时要和公司谈判的客户是一位阿拉伯人，在饮食方面有着自己独特的爱好。于是，贝索斯就针对这一爱好在谈判之前对这个城市里所有经营阿拉伯餐饮的饭店进行了一番熟悉，以备不时之需。谈判开始以后，因为种种原因，谈判陷入了僵局，此时正值午餐时间，就在 Fitel 的总裁一筹莫展的时候，贝索斯突然提议和客户共进午餐，而且吃的就是阿拉伯菜肴。到了阿拉伯餐厅以后，谈判的对方根本没有想到 Fitel 总裁会请自己去品尝家乡菜肴，心里一惊，同时也感到无限的温暖。这样一来，双方的感情就迅速拉近了，谈判也就自然而然地成功了。通过这次谈判之后，总裁就对年轻的贝索斯很是刮目相看，不断提携，从而成了该公司历史上最为年轻的副总裁。

两年后，有着更高梦想期望的贝索斯又跳到了华尔街的一家银行信托公司，当年的贝索斯只有 26 岁，但他已经管理着价值 2500 亿美元资产的电脑系统。即使这样，贝索斯仍旧感到不满足，因为在他的心里还有一个更大的梦想，他依然在为自己寻找更具挑战的科技和商业机遇。1990 年，他又跳槽到了一家更加专注科技领域的公司 D.E.Shaw，因为在他看来，计算机企业才是适合自己发展的领域，而这家公司正是为华尔街开发计算机自动交易系统的公司，通过几年的努力，贝索斯也成为了这个公司的高级副总裁。

　　一个领域接着一个领域地自我扩展，进一步扩宽了贝索斯的梦想领域，他的企业家梦想从未停止过，也从未停止过寻找创业机遇的动作。经过几个创新公司的锻炼之后，他的眼光和经验都得到了不同程度的丰富，终于在1994年的夏天，贝索斯把自己的目光锁定了互联网萌芽时期的潜在商机，最终确定了在线图书销售领域探险的目标。梦想再一次起飞，贝索斯的奇迹就此诞生。

第三章
从华尔街到西雅图
——走上无所束缚的创业路

从华尔街到西雅图，贝索斯只因为自己的一个决定，经历了从放弃到重新开始的过程。创业对任何人来说都是个未知的前途，因此，首先要放下过去的自己，无所束缚地重新上路才是最重要的。现实说明，贝索斯做到了，他用亚马逊证明了自己。

远见+坚韧

有了创业想法的贝索斯很快就将自己的理念付诸实践了。1994年，贝索斯在经历了一次横穿美国的长途旅行之后，便着手创建亚马逊的实际工作。关于创办亚马逊的商业计划的雏形实际上是他在从纽约到西雅图的路上完成的。可以说，贝索斯的创业几乎是和他的旅行同步的，当他开始远行时，他的梦想和计划也开始筹划了，所以在很长一段时间内，"远见"几乎已经成为了贝索斯的代名词，因为无论在什么时候，他的心中永远都有一个"长期的计划"在行进中。

1997 年，亚马逊在创办后的第三年上市。在上市后的第一次股东大会召开之前，贝索斯给每一位股东亲手写了一封信，这封信仍然和他心中的"长期计划"有关系。在信的开头，贝索斯就首先向每一位股东强调了自己的亚马逊项目是个长期的项目，他的企业立足于长远，放眼更远的未来，而非那些短期经营的小项目，所以此后的每一次决策和每一个决定都要建立在这一基础之上。从那以后，贝索斯在每一次给股东的信函中都不忘再次强调亚马逊是个长期项目，这显然和他本人的作风与理念是不谋而合的。

贝索斯的这种做法让亚马逊成为了一个有远见的项目，贝索斯每一次对亚马逊举措上的调整都是为了实现长期的目标，他的每一个战略性产品的推出，前期的论证工作总是漫长而周密的，因此他带领亚马逊所走的每一步都显得扎实且稳健。

Kindle 产品的成功推出应该算得上是贝索斯远见和坚韧品质得以充分体现的最标志性的项目了。在电子书领域，Kindle 不是市面上最早开发的阅读浏览器，在它问世之前，索尼和 iRex 公司就已经推出了 EInk 阅读浏览器，而在 EInk 浏览器之前，早在 20 世纪，市面上也有不少电子书阅读浏览器。因此作为电子书阅读浏览器，Kindle 实在称不上是先驱，但真正激活电子阅读市场，并让大多数人接受电子阅读概念的却是亚马逊，这一点是此前的任何一款阅读浏览器的研发公司都没有做到的。亚马逊通过 Kindle 让大众改变传统阅读方式，进入电子阅读时代，这和贝索斯的产品理念密不可分。在推出 Kindle 之前，贝索斯着重从内容、体验和成本等多个方面入手进行产品论证和准备工作。

首先，从用户的角度考虑，亚马逊的 Kindle 为每一位用户提供了免费的 3G 服务（初期主要是 EVDO，后来逐渐转变为 WCDMA），所有正式发售的 Kindle 产品所产生的 3G 流量费用都由亚马逊来负责。这样一来，用户就可以随时随地购买报纸杂志，还可以同步记录笔记和书签，这无疑给用户提供了相当大的便利和实惠，用户可以在节省诸多成本的情况下获取更大的信息量。即便是现在，那些还在使用 Kindle 的海外用户仍然可以通过 3G 免费下载购买书籍，而这一切所产生的昂贵的国际漫游数据业务费用都由亚马逊全全埋单。

其次，随着 Kindle 用户的不断增加，贝索斯的焦点也从阅读者方面转移到了创作者身上。书籍的创作版权是贝索斯下一步要考虑的重点，他开始以 7:3 的分账策略鼓励书籍的作者直接通过亚马逊出版自己的电子版书籍，而这一做法也就省去了出版社这一环节，可以为亚马逊省下不少成本。渐渐地，越来越多的作家认同了贝索斯的出版策略，同意与贝索斯合作。Kindle 因此获得了大量的书籍版权来源。

再次，Kindle 在推出的初期，最大的软肋是它的价格。最初面市的 Kindle 的售价是 399 美元，这一高价位注定了 Kindle 无法向大众推广，只能是一部分高收入人的玩物。但随着技术的不断成熟、产量的不断增加等带来的自然降价以外，贝索斯也着重从广告和书籍销售补贴等多方面来减少 Kindle 的生产成本。从第一代到现在的 Kindle4，价格已从 399 美元降至 79 美元，而且这一价格在明年还将有所下调。

应该说，无论是提供免费的 3G 服务还是与出版社的利益博弈，亚马逊对每一项策略都下了血本，贝索斯几乎是用耗费大成本的勇气来推广自己的阅读器，直至让大多数人都接受了电子阅读这一新兴的阅读方式。贝索斯的努力没有白费，最终亚马逊成为了激活电子阅读市场的先行者。在纸质书籍销售量逐年下滑的现阶段，电子书的销售额始终保持着 160%的年增长率，网络商店的电子书籍的销售量也逐渐反超纸质书籍，这其中亚马逊功不可没。

Kindle 项目的上马是在 2000 年，而真正进入研发的工程阶段却是在 3 年多以后的 2004 年，也就是说，贝索斯用了整整 3 年的时间来筹备推出这个产品。类似的事情也发生在乔布斯身上，乔布斯在推出 i-phone 之前也花了很长的筹备时间。所以说，改变世界的伟人身上都不乏远见和韧性，无论是乔布斯还是贝索斯，他们的性格上都有相似的特性，他们的工作风格也是惊人地相似。不只是 Kindle 项目，贝索斯在其他项目上也同样花费了类似 Kindle 一样长的时间和精力去准备，例如，亚马逊的云平台项目的筹备时间就长达 6 年。可见，贝索斯对细节的要求是很高的，而且他从不轻言放弃，哪怕是一个很小的店中店的业务，他都会一次又一次地尝试，不放过每一个细节，直到其成功运转起来为止。

在刚刚过去的 2011 年，亚马逊的动作连连，不但延续了一贯在内容提供领域的优势，还开始利用新兴的 Android 平台开拓自己的义务范围。很明显，贝索斯绝不把自己的业务只局限在自己的网络平台，他的计划还在更远的领域。服务层面的业务是贝索斯的亚马逊十多年来的主要业务，与此同时，贝索斯也不放弃对服务终端的研发，价位平民化的平板 Kindle Fire 的推出和热卖，就凸显了贝索斯在服务终端上的野心。Kindle Fire 实际上是一款依附于亚马逊整体服务平台的平板，它没有高端的配置，分辨率也不高，甚至没有内置摄像头，但它低廉的价格、不

错的续航能力以及方便便捷的网络阅读体验也着实吸引了不少人的眼球。贝索斯恰恰利用的就是 Android 的平板技术，结合亚马逊自身的服务特点，弥补了过往亚马逊缺少自主多媒体消费终端的不足，同时也给 Android 平板市场注入了新鲜的血液。让人更难以置信的是，就是这小小的廉价平板 Kindle Fire 居然让 Android 平板成为了 iPad 最大的对手。贝索斯的远见已经不但可以给自己的亚马逊带来一次又一次的市场惊喜，还可以在与亚马逊有关的领域抹上一抹亚马逊的色彩。毫不夸张地说，Kindle Fire 的出现，配合 Kindle 软件的使用，更是把贝索斯的亚马逊帝国推向了网络电子书籍服务的顶端。

如果说这种保守和稳健的创新、谨慎的开拓是亚马逊的内在基因的话，那么这种基因是遗传自它的创始人贝索斯。贝索斯对创新的定义是，创新好比是下赌注，必须下得早、下得多，如果整个公司的赌注都押进去了，那创新就势在必行了。贝索斯的成功秘诀就在于他的远见+坚韧，卓有远见的人，还不乏实现目标的手段和坚韧的意志，这一个性组合对于企业领导者来说实在是再完美不过的了。

再刚强的男人都有柔情的一面，贝索斯还是个浪漫的人。

2000 年，贝索斯曾经创办过一个很神秘的公司——Blue Origin，直到 2006 年才将其公诸于众。这究竟是个什么样的公司呢？为何贝索斯要搞得如此神秘呢？直到今年的一次采访中，贝索斯才向记者透露，自己创立这家公司的目的在于希望可以把普通人送进太空，而且希望普通人进入太空的费用要尽可能的低廉，安全性能要尽可能的高。

2012 年 6 月，贝索斯又自掏腰包花费 4200 万美元设立了"万年钟基金"（Long NowFoundation）。这个基金会的主要目的就在于修建一款巨型大钟，可以存世万年，就像埃及的金字塔一样为将来的万代子孙服务。

试想一下，贝索斯给世人创造的未来的世界：手捧着 Kindle Fire、用 Kindle 系统读书、坐着 BlueOrigin 的宇宙大飞船安全便宜地进入太空、用万年钟为自己报时，这一切都源于贝索斯浪漫的想法。

跻身精神领袖

贝索斯的远见和坚韧证明了他是个实用主义者，他的每一个举措、每一个产品都是考虑到了用户的实用性，同时，BlueOrigin 公司的创立和万年钟基金的设立也从另一个侧面突出了贝索斯梦想家的特质。两者之间其实并不矛盾，具有浪漫想法的贝索斯的服务对象正是他所说的未在场的消费者。贝索斯常常有个习惯，便是在开会时留出一把空椅子，这么做的目的就是为了向公司里的同人提示未在场的消费者才是最重要的人。

从 1997 年到 2012 年，亚马逊上市 15 年来收获颇丰。从 2011 年的公司财政报表来看，亚马逊全年的营业收入高达 480 亿美元，净利润达 6.3 亿美元，公司的市值接近千亿美元，给投资者的回报也超过了百倍。而贝索斯作为亚马逊的创始人也坐拥 190 亿美元的财富，跻身互联网界新一代的领袖。贝索斯因为亚马逊的成功站到了互联网界的财富顶峰，Kindle Fire 平板的成功不但在于市场上的成功，而且还让贝索斯获得了

业界著名杂志《连线》的肯定。有观察家认为，Kindle Fire 的服务性能充分体现了贝索斯个人的远见，贝索斯很可能在未来几年内取代此前的比尔·盖茨和乔布斯成为美国高新科技界的头号精神领袖。

说到互联网界的精神领袖，事实上比尔·盖茨和乔布斯还算不上是互联网的精神领袖，毕竟这两位在创业时互联网的发展还处于萌芽期，而贝索斯才是真正搭乘互联网这趟快车创业的领军人物。可以说，贝索斯和他的亚马逊的价值有可能被低估了。从 Kindle Fire 的开发来看，贝索斯实际上已经在互联网界打通了从"作者"到"读者"的整条产业链，使用 Kindle Fire 的用户可以在 60 秒的时间内迅速找到自己想要阅读的书籍，享受到应有的服务。不仅如此，亚马逊的产品主要从图书阅读服务入手，还扩展到了其他领域，包罗万象，贝索斯已经把亚马逊从最初的网络书店打造成了现在覆盖全球的网络服务和物流的服务体系。

陪伴自己的亚马逊走了十几年的贝索斯，如今已经是亚马逊帝国的掌门人，他的成就已经被大多数的业界主流媒体所认可。2011 年，贝索斯被《福布斯》杂志评为科技界最具梦想家和哲学家的 CEO。另外，在 2011 年美国专业财经杂志《巴伦周刊》发布的 30 名最佳 CEO 的名单中，贝索斯名列榜首。

从贝索斯进入电子商务界最初的态度来看，他尊重了自己的选择，追随着自己内心最熊熊燃烧的热情，他曾经说过："没有什么能够阻挡自己内心的向往。"2010 年，贝索斯在参加母校普林斯顿大学的学士毕业典礼时说，是互联网的强大增长力让他萌生了创立亚马逊的念头。20 世纪 90 年代初，高速增长的互联网使用量让他看到了创建一个能够包容上百万本书籍的网上书店的可能，而正是这种可能激发了他内心的热情，因为这一切在从前的世界里是不可能存在和发生的。

贝索斯说过，当自己 80 岁的时候一定不会因为离开华尔街而后悔，却会因为自己没有抓住互联网这一大好机遇而后悔。放弃了华尔街的金融事业而投入互联网图书服务的贝索斯勇敢地作出了一个选择，并毅然决定追随自己的内心。直到今天，他仍然为自己 30 岁时的决定而骄傲万分。

如今的亚马逊已经成长为电子商务行业的大鳄，但回溯到贝索斯的创业之初，电子商务并不是从事传统金融业的贝索斯所熟悉的领域，他甚至对电子商务一无所知。应该说，贝索斯在萌生创办亚马逊之前，他的人生只和传统金融业发生关系。

年轻的贝索斯一毕业就进入了华尔街，从事当时最火热的行业——对冲基金，并由此和金融行业结下了不解之缘。应该说，在创办亚马逊之前的贝索斯在华尔街的金融界年轻有为，事业风生水起。可正当他的事业蒸蒸日上之时，贝索斯却向自己的父母和妻子提出了辞职创业的想法。这或许在他人看来是种很冒险的举动，却得到了父母和妻子的全力支持，贝索斯的父母甚至把自己手中的 30 万美元的养老金交给贝索斯作为启动资金，贝索斯的妻子更是从精神上支持贝索斯放手一搏。

得到了家人支持的贝索斯迅速开始着手筹办自己的"互联网书店"。1994 年 7 月 5 日，贝索斯的亚马逊正式诞生。贝索斯之所以把自己的公司命名为亚马逊，其中暗含着自己的梦想。他曾解释道，亚马逊是世界上最大的河流亚马逊河的名字，这个世界之最也将预示着自己公司的未来不可限量，而且亚马逊的英文名 Amazon 的首字母是 A，在网络搜索引擎中始终会排在首位。至此以后的十几年，贝索斯的梦想就像是一

场马拉松，跑得越来越远，却越来越接近胜利的终点。

从创办之日起，亚马逊在很长一段时间内都遵循贝索斯最初关于网络书店的设想主营图书业务。曾有不少人对贝索斯为何选择图书经营业务作为自己的创业对象感到诧异，不少理性的分析者认为图书是市场上最好的标准化产品，用户的体验容易很快达成一致，他们认为这或许是贝索斯选择图书的理由。但是贝索斯给出的答案并非如此，贝索斯之所以萌生这样的想法，只是单纯地因为他自己喜欢读书，而在现实世界中，他常常遇到读书的问题，因此他希望所有和他一样爱读书的人都可以在网络上轻而易举地网罗所有自己所爱的图书资源，而不必再去书店里苦苦找寻。贝索斯说："线下的书店无法做到把几百万或是上千万的图书资源汇集在一起，而互联网的电子书店可以做到，这想象起来就是一件很酷的事情。"

自从贝索斯把自己的梦想付诸实践之后，他的电子书店几乎成为了传统书店的梦魇。随着越来越多的人们更倾向于互联网阅读，传统书店的经营问题日趋显现。1995 年~1999 年，还能以每年 15% 的速度增长的美国第二大连锁书店 Borders 进入新世纪后，业绩直线下滑，传统书店相对于电子书店的优势在不断减小，传统书店的大势已去。2002 年以后，亚马逊的销售量已经把这家拥有 30 年历史的老字号书店远远地抛在脑后。到了 2011 年，Borders 已经不复当年，无力回天，只得在这场竞争的最终落败，申请破产。

第四章
互联网时代的"吹牛大王"
——面对能否获利的质疑

亚马逊创立的过程始终伴随着各种质疑，但贝索斯并未因此而停止他建造亚马逊帝国的梦想，他总是在各种质疑的声音中改写着人们对传统经营理论的信仰，以至于某一天，这些曾经质疑过亚马逊和贝索斯的人们回头再看，发现从前认定的"吹牛大王"如今已经成为了互联网界的英雄。

利益在于平衡

利益永远是商人所追求的，任何一种经营的目的都在于最大限度地获取利益。因此在生意场上，无论是什么样的合作都要依靠利益来维持。一般来说，在合作范围之内的人都会尽可能地去维护彼此的利益平衡，若是其中有一方对利益的分配表示不满时，就可能会破坏原本的利益均衡局面，那么一切和这个合作关系网有关的人都将被拖下水。简单

地说，如果平衡被破坏，谁都不可能从中获取利益。

依托信息和知识经济发展起来的电子商务也同样如此，独占市场显然是不现实的，最明智的商人采取的办法是"利益均沾"的做法，只有合作才能保证有长久的利益，如果只顾自己的利益而无视对方的合作关系，那这种一锤子买卖的合作关系是难以维系太久的。

贝索斯创建亚马逊初期，有不少业界人士并不认为他单纯用电子商务的方式来经营图书业务会有多少获利。但贝索斯却不这么认为，从他萌生创建亚马逊的第一天开始，他就从未停止过依托互联网技术以及相关的网络平台来拓展自己的"书店"业务的想法。无论是最初最简单的互联网平台，到最后的 3G 网络技术、网络云平台和 Android 平台，等等，一系列网络后台服务层面的技术都不是亚马逊原创的，而是借助与他人的合作来提升自己的品牌服务质量，实现两者的利益双赢。这点从 Kindle Fire 的成功推出就可以证明，亚马逊公司和 Android 操作系统均实现了利益的最大化。贝索斯的做法已经充分说明了一个明智的商人必定在各种不同领域的合作中获取自己利益的同时也考虑他人的利益，这样的合作才能持久和稳健。除了技术层面的合作以外，贝索斯在另一个领域的合作也给亚马逊的发展打开了新的局面，那就是和书籍作者的版权合作，贝索斯牺牲自己的利益让利给作者，让作者直接从电子商务中获益，维持了亚马逊和作者之间的利益平衡，这无疑才是真正让传统书店和书商及出版社最终败在亚马逊之下的重要原因。

从商之人都是追求利益之人，毫无利益可言的生意是没有人愿意做的。当亚马逊从一个仓库发展成为大型零售商之后，很多涉足这一领域，原本和亚马逊有着合作关系的零售商就开始对亚马逊的"称霸"感到不安，这一点是显而易见的。例如美国折扣连锁店 Target 就在最近停止了在亚马逊的系统上运行自己的网站，还将这项业务收回自营，还有英国零售商 MarksandSpencer 也同样收回了自己的自营权。其实早在2006 年，玩具反斗城就在法官裁定其销售来自亚马逊其他商家的玩具违反合同后，就不再使用亚马逊作为自己的网店运营商。

这些事情的爆发其实都和商家本身的利益有着莫大的关联，作为一个互联网界的霸主，亚马逊如今要比其他公司小心谨慎得多，因为很可能小小的一点儿利益分配不均就会给双方造成合作的破裂。西雅图华盛顿大学的教授苏雷什·科塔（SureshKotha）曾经提出这样一个问题："在激烈的市场竞争当中，你如何去创造一个让别人看来你自己不是唯一一个赚钱的人，同时还要兼顾发展一个良好的行业生态系统呢？"在他看来："如果你变得太过于强大，并且他人已经感受到你已经开始挤压他们的话，他们就会一一离开，即便是曾经的合作伙伴。一旦发生这种情况，这个行业的生态系统就将开始慢慢失去发展动力。"苏雷什教授的观点正好说明了亚马逊的状况，只要亚马逊强大了，给了其他合作伙伴压力的话，即使这种压力并不事实存在，只是对方臆想的，也容易导致合作的失败或是关系的破裂。

商场就是如此残酷，因此要保证合作得以继续延续，贝索斯要思考的就是如何在保证自己市场地位的同时顾及所有合作伙伴的利益的同时实现。贝索斯就说过："我可以告诉你，每天我们所有的竞争对手都在看我们的销售情况并进入我们的领域，我们只能忍着。""人们在有利益冲突时总会抱怨，但是你还是必须跟他们做生意。"于是，贝索斯就像个外交家一样，在众多对手和合作者之间斡旋着各种利益纠纷，以最

终保证亚马逊利益的最大化，甚至有的时候，他还不得不牺牲一部分亚马逊的利润收入来小心翼翼地保住这个健康成长的行业生态。

电子商务的"圣经"

人们常常以某一行业的"圣经"来代称某一行业里最重要的那部书。如果有一部书可以当之无愧地被称作某一行业的"圣经"的话，那这部书势必在这一行业有启迪后人的作用。有人曾经说过，如果将贝索斯每年写给亚马逊所有股东的信件编辑成册的话，那这些信件的辑录就应该是电子商务界的"圣经"。事实确实如此，作为当今电子商务界最成功的先行者，富有远见的贝索斯的每一次策略、每一次决策都对将来要从事电子商务的年轻人来说具有很强的启示作用。

从车库里起家的贝索斯和他的电子"书店"亚马逊在最初的几年，总是有很多人怀疑这样的公司能走多远。在那个电子商务还不是很普遍的年代里，弗里德曼就曾经在《纽约时报》上撰文这么写道："亚马逊是注定要失败的，谁都可以在自己的卧室里再建一个亚马逊。"可是这些怀疑都没能动摇贝索斯的长期计划，他依靠自己稳健和扎实的作风，在不到20年的时间里把亚马逊发展成了当今世界上最大的电子商务公司，亚马逊熬过了那些让人怀疑的亏损时期，预言中的失败不但没有降临在贝索斯和他的亚马逊身上，而且日益壮大的亚马逊让那些曾经抱怀疑态度的人彻底闭了嘴。如今的亚马逊已经在电子商务界成为了一大巨头，它的业务也从最初的单一的网络书店拓展为网络零售商。而这一切都要归功于贝索斯扎实而创新的想法，而这些想法都被清晰地记录在了他每年给亚马逊股东的信件当中。

所以说，贝索斯的这些信件是电子商务界当之无愧的"圣经"。不同的人去阅读它都会有不同的感悟，不同的人通过自己各异的实践背景去阅读贝索斯的这些信件就会从不同角度明白成功者何以获得如此大的成功，而失败者又为何总是屡屡失败。

乔布斯离世后，最具梦想家和哲学家气质的 CEO 的头衔落到了贝索斯头上，显然，人们已经认同了贝索斯在电子商务界的地位和他的营销策略。当下，电子商务已经越来越成为人们生活中的重要部分，当人们对电子商务以及贝索斯的亚马逊的看法趋于理性的时候，就请好好读读贝索斯的那些书信，即便不是金玉良言，也可能在适当的时候给人们一些启发。

下面就节选其中的几封贝索斯写给亚马逊股东的信件，让大家细细读一下。1997 年，亚马逊的客户已经达到 150 万元，营业收入比上一年增长了 838%，总收入高达 1.478 亿美元，亚马逊公司已经进入高速发展期。这一年，贝索斯致股东的信称得上是最具代表性的，信中所体现出的贝索斯的理念和思想此后一直贯穿于亚马逊的发展中，贝索斯也常常将这封信件附于后来每年的致股东书之后，时时给股东作为参考之用，足见这封信的代表性和重要性。信中，贝索斯提出经营亚马逊的核心理念是以创造长远价值为核心，他写道："这种价值直接来自于我们巩固并拓展自身目前市场领导地位的能力，我们的市场领导地位越强大，我们的商业模式越具有竞争力。强大的市场领导地位将带来更高的

收入、更多的利润、更快的资金周转速度，以及相应的强大资本回报率。"可见，长远价值是贝索斯穷尽一切追求的价值。此后的很多年，不论是亚马逊处于高速发展的阶段，还是 2000 年互联网泡沫破裂的阶段，"长远价值"这一词汇都频频出现在贝索斯致股东的信件当中。

综观亚马逊近 20 年的发展史就会明白，贝索斯之所以能在困境中坚持下来的根本原因还在于他一直秉持的理念，他所看重的是长期效益，也就是贝索斯不止一次在致股东信中提到的长远价值，若只是固执于眼前的利益的公司是无法长期保持市场的领导地位的。贝索斯和亚马逊在这近 20 年的时间里身体力行的就是这样的经营哲学，如此才能保持长时间的赢利。

贝索斯是个很冷静的人，即使是他的亚马逊进入了快速扩张的阶段，他仍旧很清楚地知道下一步亚马逊需要的是什么。快速扩张的服务量势必需要充足的后台能力作为支撑，才能保证业务量的进一步增长。正是清楚地看到了这一点的贝索斯果断在亚马逊的物流、后台平台、供货商维护和产品品类扩张等多方面进行多方投入，提出下一步的目标，以期保证亚马逊在服务和保障双方面的协调发展。贝索斯很早就预见到了自己的网络"书店"在迈向规模效应的道路上是需要有优质的物流、仓储、信息系统和足量的采购来保驾护航的。所以，在亚马逊的销售额才刚刚达到几亿元人民币价值的时候，贝索斯就开始了这方面的准备。这也是贝索斯对长远价值的行动解释，他确实了解那些现在还未在场的消费者的需求，也就是这一点证明了贝索斯具备哲学家和梦想家的头脑。

再来看看 1999 年贝索斯给亚马逊股东们写的信。这一年的股东信同样让人惊讶不已，贝索斯在这一年就已经预见了互联网产业未来的发展，他首次提出了将来的电子商务的发展机会在于无线设备的发展。今天的人们再一次读贝索斯的这封信的时候，不得不佩服他的预见性，他居然在互联网发展的初期就预料到未来的消费者更多的消费行为是发生在家里，或者其他的一切可能的地方，而非单纯的办公室，而这些都依靠无线网络技术的发展和使用。

从现在的趋势来看，宽带互联网的普及以及智能手机的应用，使得大多数人习惯使用移动客户端来体验电子商务的便利。如果告诉你有人在十多年前就已经提出了这样的想法，那种佩服之情必然会油然而生，而这个伟大的具有预言家气质的人就是亚马逊的 CEO 贝索斯。

时间来到 2000 年，这是一个让互联网公司伤心欲绝的一年，也是互联网发展历史上最困难的一年。那一年，美国有 210 家 .com 公司倒闭，亚马逊作为一家主营电子图书业务的公司也难以幸免于难，公司的股价在一年内跌幅超过了 80%，由亚马逊重金投资的 living.com 和 pets.com 两家公司都在这一年相继关闭。互联网的泡沫破裂也波及到了贝索斯的亚马逊。

从这个意义上说，贝索斯在这一年的致股东信尤其值得细读研究。当电子商务大的经营环境遭到重创，一切关于电子商务的悲观论断又重新抬头，所有资源都不利于亚马逊的发展时，贝索斯却对自己的股东说："不论用哪种标准来衡量此时亚马逊所处的地位，都要比其他以往的任何时候更加有利。"究竟在那个困境当中，贝索斯为他的亚马逊做了什么？贝索斯在想些什么呢？

此刻的贝索斯想的最多的就是如何酝酿一场公司管理模式转型。在

贝索斯的眼里，这样的困难时期恰恰是让他和股东们冷静下来，苦练公司内功，管理模式转型的好时机。贝索斯反思了前期亚马逊大举扩张并购中的问题，亚马逊的经营重心是电子商务，而此前的不少并购都为亚马逊并入了大量的传统企业和新兴企业，尽管在规模上壮大了亚马逊，但传统企业在面对电子商务行业时，由于缺乏经验，多半无法真正和亚马逊的本体企业完美地融合。因此，贝索斯经过冷静地思考过后，指出企业的"圈地运动"固然重要，但"圈地"并不是单纯地扩大自己的经营规模，它更需要的是磨合的时间和难度。企业并购只是一个起点，更重要的是并购后如何实现资源的完美整合，这才是一个漫长而艰巨的过程。

2000年，贝索斯在自己的致股东信中给出了一个完美的理由说服所有股东同自己，还有亚马逊一起共渡难关。他很清楚明白地告诉股东们，亚马逊是个成熟的品牌，它的客户关系稳定，有技术创新能力，另外后台的服务系统，例如仓储物流设备齐全，财务上也有一定的优势，最重要的是有一批热情似火的亚马逊人，他们的决心就代表了亚马逊能够立足于这个新兴行业，并长期成为这一行业的领头羊的决心。

贝索斯曾经提出过一个词——"用户体验"，这个词直至今天还被世界上所有的电子商务公司奉为圭臬。现在国内的不少电子商务公司也把这个概念视为自己经营中的重点。现在大家都知道，互联网购物比起线下的实体购物，顾客的忠诚度要低很多，越是这样，越要保持顾客的重复购买率，就必须重视保证卓越的顾客体验，而这种体验恰恰是无法用财务数据量化的，大多数时候都是一个包含着复杂感情因素的数据，但这个数据却关乎公司的发展前景。

　　那么就来听听电子商务的鼻祖式的人物贝索斯是如何诠释"用户体验"这个词的，"用户体验"究竟包含了哪些？又该如何去提升"用户体验"呢？

　　从2007年起，亚马逊又开始从一家网络零售商转型成为一家技术型公司，这个轨迹，贝索斯从2007年至2011年这4年间的致股东信中就可见端倪。2007年，Kindle诞生，2008年，亚马逊又推出了第二代Kindle，2009年，贝索斯发布了包括云服务功能在内的互联网服务新功能。这些都标志着亚马逊走向技术研发创新的道路，亚马逊这一品牌更具技术含量，贝索斯经营下的亚马逊完成了又一次漂亮的转身，他开始关注技术创新，因为只有技术创新才会给予顾客更新更完善的用户体验，也才能为亚马逊找到新的利益增长点，比如云服务。

　　如果说大多数制造电子书阅读器的人只是在重复着前人的技术模式的话，那么贝索斯应该说是从根本上改变了人们的阅读模式，动摇了传统的图书阅读服务，毫不夸张地说，贝索斯重塑了整个美国电子出版业。李开复曾经这么评价贝索斯："贝索斯是一个有勇气去做那些华尔街看不懂且不认同的事情的人，不论是AWS还是Kindle，但是事实证明他的每一次尝试都是有远见的创新，也都是对的。"某著名的媒体人也评价说："当我们在做盗版电子书山寨阅览器的时候，贝索斯和他的亚马逊正在重新构建出版业，这就是我们和他之间的区别。"

如何创造超高销售额

贝索斯心中最初的亚马逊只是个网络"书店",但随着亚马逊的创建、上市,贝索斯的梦想已经不再局限在图书业务上了,他把亚马逊的经营范围扩展到其他的音像制品领域,后来又成功转型为全面的网络零售商。亚马逊成了一个名副其实的网络大"超市",人们可以随时随地从亚马逊的物流仓库中购买到自己所想要的任何商品,而这些商品的种类早已远远超出了书籍或是音像制品。或许还有一些老亚马逊的用户还不能适应这种转变,但不得不承认这一转型算得上是贝索斯成为亚马逊的 CEO 以来对亚马逊最大的贡献,就连贝索斯本人也称这一次转型为"有意义的里程碑"。可见,在互联网的世界里,贝索斯再一次找到了属于亚马逊的利益增长点,从在线书店向在线零售商的转型使得亚马逊在过去的 5 年内股价增长了 397%,亚马逊的销售额也成倍成倍地增长,互联网再一次在贝索斯的主动举措下为亚马逊创造了无限的价值。

48 岁的贝索斯如今的总资产已达 190 亿美元,称得上是世界上最富裕的人之一,但他仍旧激情不减,在他看来,如何给亚马逊创造更多的销售额是他时时刻刻都必须面对的问题。而销售额增长的根本在于用户,贝索斯提出过"用户体验",在这一理念的指引下,贝索斯坚持以客户为导向,坚持每一次亚马逊的转型和创新都以客户的需求为基础,这就是为什么他能够在电子商务界乃至商界继乔布斯之后人们最想遇到的、最想模仿的和最崇拜的 CEO 的原因所在。

20 世纪，芝加哥的传奇零售业巨头马歇尔·菲尔德有过这样一句名言——顾客永远是对的。如今，同样是零售业巨头的贝索斯对这句话深信不疑，同时他还依据自己的经营模式对这句话有了更进一步的深化，成为了互联网时代践行菲尔德这句话最为彻底的企业家。亚马逊的每一步发展都是建立在客户需求的基础上，贝索斯总是将客户的需要作为首要关注的对象，然后再去考虑如何赢利，这样的做法才能有效地将客户的需求转化为赢利。可以说，贝索斯"溺爱"亚马逊的 1.64 亿元客户的程度已经远远高于爱护亚马逊的 5.6 万名员工的程度。

贝索斯的这一经营理念已经渗透到了亚马逊的每一个角落，亚马逊的每一个员工时时刻刻都能体会到客户至上的理念的存在。贝索斯常常在开会时刻意空出一把椅子，戏称客户就是坐在"那把空椅子"上的人，这么做是在暗示每个与会的人不要忘记客户的存在，必须将坐在这把"空椅子"上的人的需求重视起来，因为这个人才是"这个房间里最重要的人"。

如果说这只是贝索斯给亚马逊每一位员工的精神暗示的话，那么在亚马逊的实际运营中，贝索斯也给公司制定了 500 多个量化的指标用于衡量客户需求的满足程度。制定这些指标的目的在于衡量亚马逊的整体运营表现，但它的指标的制定有 80% 都是围绕客户的需求的。贝索斯正是凭借这样的理念，才对满足客户的需求拥有充分的自信，并能够根据实际需求让客户在更自由的条件下定义自己的网店，有的称为"足球妈妈"，有的称为"工程小子"，等等。

亚马逊的员工都很知道贝索斯是个很注重细节的人，尤其是在客户

方面。在网络上购物消费的人最讨厌的无非就是网页延迟、出错，产品下架或是未及时更新等情况，贝索斯很清楚这一点，于是他几乎不允许自己的亚马逊在这些方面出现一点点细微的失误，要求自己的属下要尽可能降低出错率。所以，哪怕是由于自身失误而导致的 0.1 秒的网页延迟，贝索斯都会抱持零容忍的态度，因为他明白这 0.1 秒的延迟就会直接导致客户活跃度下降 1%，而这对亚马逊来说很可能是致命的。

亚马逊的高管们都曾领教过贝索斯对客户体验走火入魔式的苛刻要求。亚马逊英国公司的前主管西门·莫多克回忆说，亚马逊公司最初的截止发货时间是每天下午的 4 点，超过 4 点的订单就只能等待第二天发货，但贝索斯会不停地要求他把发货时间延迟至下午 6 点、7 点甚至是更晚，就算是这么做给整个货仓流程带来巨大的损失，贝索斯也在所不惜，为的就是尽快将货品送达客户手中。也因为贝索斯这样苛刻的要求，使得目前亚马逊公司在英国大多数地区和 10 座美国大型城市里都承诺中午 12 点之前的订单当天即可送达，这样的客户体验可以为亚马逊赢得越来越多的赞美和信任。另一位曾经在亚马逊工作过的高管曾回忆道，贝索斯坚持亚马逊发出的每一件货品都使用成本更高、质量更为坚固的纸质包装箱包装，目的只在于希望这些印有亚马逊 Logo（商标）的包装箱在客户的重复循环使用中吸引更多的潜在客户。

贝索斯不仅是对产品和服务要求细致入微，就连产品的广告也不忘对客户负责。曾任亚马逊品牌经理的蒂娜·帕特森就回忆说，亚马逊的电子书阅读浏览器 Kindle 上市之前，她曾参与过一次 Kindle 的广告创意会，那次的广告创意片让 Kindle 化身为一头公牛，读者则是骑在公牛身上，好比是一名勇敢的斗牛士。这个广告创意赢得了在场所有同人的认同和赞许，只有贝索斯例外，他面色凝重地重放了一次这段广告，并且很严肃地对他的团队说："这个广告创意确实很精巧，大多数的受众都会认为这头牛很有意思，可是骑在牛上的人是我们的客户，这头公牛很可能踢中他们的屁股，作为服务商，我们不能让客户受到伤害。"

贝索斯对客户的需求几近狂热的追求换来的是客户对亚马逊服务极高的评价。密歇根大学每年都会针对美国最大的 225 家公司的客户满意度进行调查，在网络零售业领域，亚马逊蝉联了好几年的客户满意度冠军，即便是在所有种类的公司满意度排名中，亚马逊也是名列前茅。最近的一期调查显示，亚马逊公司的客户满意度仅排在亨氏奶粉、施乐和苹果之后，名列第四。尽管有不少人说贝索斯的客户导向策略过于偏执，但这些调查数据都已经充分说明他的策略为亚马逊赢得了客户的全面信任，这对在线零售业来说实在是难能可贵的。

坚持客户为公司的服务导向只不过是亚马逊获得成功的其中的一个原因，贝索斯的亚马逊帝国之所以可以领跑其他的在线零售商，获得每年 480 亿美元的销售额靠的不仅仅是细致入微的客户服务，更重要的是贝索斯的创新理念。客户需求是保障亚马逊稳步成长的基石，而贝索斯那不惜成本的创新理念才是真正推动亚马逊前进的动力。

对于贝索斯和亚马逊来说，稳定的客户信任是敢于尝试新事物、敢于冒险革新的基本保证，客户给予贝索斯的满意回应足以让他相信自己的做法是正确的。以 Kindle 为例，在 Kindle 问世之前，各种阅读浏览器已经充斥市场，贝索斯之所以敢于推出 Kindle 阅读浏览器，只是源于他对市场需求的调查结果，贝索斯通过调查数据坚信市场上一定有数以万计的喜爱读书的人同他一样，希望拥有这样一个阅读器，它可以在

1分钟之内甚至更短的时间内就可以方便下载到读者想看的书籍。出于这方面的考虑，贝索斯有了研发 Kindle 的想法。可与此前客户市场调查细致的态度不同的是，贝索斯在 Kindle 技术层面的要求却不是那么的严格，即使是像无线传输速度和电子书籍格式这样的技术参数，他都不做严格的要求。在他看来，亚马逊的工程师只要依据市场需求进行设计，方便消费者使用即可，至于产品的技术特征，一切都是可以自由发挥的。最后，Kindle 阅读浏览器的硬件设备的完善花费了数年的时间，但贝索斯服务客户、坚持创新的理念却从未因此而动摇。曾经听说过这么一个在 Kindle 研发过程中的故事，亚马逊的财务总监曾问过贝索斯关于 Kindle 项目公司还将投入多少预算，贝索斯听了之后，只是反问了他一句："我们还有多少钱？"贝索斯这样执着的做法在很多人看来一定很疯狂，但就是他的疯狂使得 Kindle 启动了电子阅读的新时代，这是此前任何一款电子书阅读浏览器所无法企及的。

贝索斯这样的产品思路很自然地影响到了亚马逊的经营理念，为亚马逊的转型和改变创造了条件。在经历了21世纪初互联网泡沫破裂之后，2003年至2007年间，亚马逊在市场上的表现显得很平庸，主要原因就是亚马逊经营的重点仍然是书籍零售。经历了平庸之后的贝索斯并不是在沉寂，他是在酝酿一次更大的转型，投资者们渐渐感觉到贝索斯和他的亚马逊要有一次大的动作了，贝索斯必然会为亚马逊下一阶段的发展搭建一系列新的业务增长点。

贝索斯还是个梦想家，他会为了自己的梦想付出自己应有的努力。年轻的贝索斯就曾经梦想过成为一名遨游太空的宇航员，于是，大学期间的贝索斯努力认真学习，只希望自己能成为毕业生代表，能离自己的宇航员梦想更近一点。亚马逊公司成立以后，他最大的梦想就是亚马逊，他所身体力行的所有举动都是为了实现这个伟大的梦想。这个特质就可以解释为什么贝索斯在招聘亚马逊员工时总是一再地强调动手能力和在孤独中工作的能力了。亚马逊公司的应聘题目就曾经有这样的试题：假设应聘者是产品经理，他必须在一个完全陌生的环境中设计出一个工作计划，但前提是他没有任何的预算。

效率是亚马逊公司文化中另一个关键词，它的重要性不亚于防止浪费，或者说，在贝索斯的眼里，效率永远第一和防止浪费二者是密不可分的，而且这两者和以客户为导向的服务指向并不矛盾。2009 年，在贝索斯致股东信中就写道，亚马逊公司内部必须通过精细化管理避免不必要的浪费，提升服务速度，并以此在激烈的竞争中获胜。贝索斯认为，不论是哪一种成本浪费的减少，都可以为客户赢得更多的低价服务。这种做法用贝索斯自己的话来说就是一场"具有无与伦比活力"的运动。

在某次采访中，贝索斯就以近期亚马逊降低物流仓库成本 23%为例，说明了成本的降低和提升客户服务间的关系。贝索斯提到物流仓库成本的降低，无形中让亚马逊公司重新发掘了自身仓储空间的潜力。亚马逊通过和物流公司合作，开展商品的预分类打包，这样一来，只要物流公司一介入就可以马上发货，省去了不少发货过程中因为商品进一步分类所延误的时间。贝索斯的这种做法不但省去了公司的成本，提高了效率，还从客户的角度考虑提升了服务质量。

在亚马逊公司内部，贝索斯对自己和对其他员工的做法几乎可以用"吝啬"来形容。他总是一再强调亚马逊的管理层尽量不用彩色打印，

只用黑白打印；公务出差只能坐经济舱，从来没有头等舱待遇；公司的研发实验团队也尽可能的简练，尽量挑选最有针对性的、最有经验的、最精干的员工组成，以确保团队的最小化。有时候哪怕是某一个团队叫外卖多叫了一份比萨，都有可能引起贝索斯的注意，他很快就会精简这一团队，因为在他看来，叫来两份比萨的团队成员太多了。

贝索斯这样对人对己"吝啬"的工作作风，亚马逊公司里的员工是又爱又恨。有离职的员工就曾经公开撰文批评贝索斯在公司里的"专制"作风，但即便如此，他们也不得不承认，正是如此苛刻的贝索斯才创造了伟大的亚马逊。贝索斯的"吝啬"和"专制"把亚马逊从最初的车库带进了新的总部大楼。

贝索斯的追求是客户100%的满意度，因此，如今亚马逊的发展已经让业界的其他人望尘莫及，但48岁的他认为自己的公司仍有一定的改进空间。仅以2011年圣诞节期间亚马逊的到货率为例，圣诞节期间，亚马逊保持了99.99%的准点到货率，也就是说每派送1万件商品就只有一件商品延误，能做到这一点已经非常不容易了。但贝索斯依旧不满足，只要离100%的客户满意度还有一点儿距离，他和他的亚马逊都还有进步的空间。

第五章
Kindle Fire
——一个终结人类砍树造纸印书历史的产品

改变是贝索斯创办亚马逊的初衷，作为一个普通读者，传统书店已经无法满足他日益增长的阅读需求，于是，亚马逊诞生了。如果说中国人发明的造纸术是改变了图书形式的第一次历史变革的话，那么图书形式第二场历史性变革的造就者和推广者就是贝索斯，他当之无愧。

改变历史的发明

改变历史发明的方式很多，规模也各不相同，但只有那些具有变革性的发明才能推动他人释放自己的创造力，亚马逊推出的 Kindle 阅读浏览器和 Kindle Fire 平板都可以称作是变革性的发明，因为是把创新视为己任的亚马逊通过 Kindle Fire 改变了多数人的阅读习惯，乃至生活习惯。

Kindle Fire 平板的成功推出，亚马逊的网络服务（AWS）、亚马逊物流（FBA）和 Kindle 出版业务（KDP）的作用是功不可没的。Kindle Fire 是个自助式的服务平台，它的强大功能能够使大多数人随时随地亲身体验图书信息下载、阅读，甚至是其他商品的订制、购买等，这些创新性的平台不是简单的游戏，它是实实在在的服务平台，可以为开发者、企业、客户、作者和读者带来诸多的改变，从真正意义上实现了多赢的局面。亚马逊的 AWS 现在已经拥有 30 多种不同的服务，不论是企业还是个人都可以通过数量众多的服务项目来获取自己所需要的信息，而这一切在 Kindle Fire 上几乎都可以实现。AWS 的服务是自助式的，消费者与商家之间无须为签署协议而谈判，也不用直接和销售人员交涉，只要在线阅读文本就可以启用，而且网络在线的服务弹性也超过了线下的现实交易，它可大可小，按需进行。

Kindle Fire 的主要功能还是集中在海量的出版服务上，它给读者在线提供的信息量大、服务方便。亚马逊的 KDP 出版服务规模在贝索斯的营销策略下以惊人的速度增长，越来越多的作者直接与亚马逊签订了出版合同。目前，在亚马逊拥有出版权的作者数量众多，与之合作的作者本身保留自己的版权，还保留有衍生作品的版权，能够按照自己的计划出版图书，这样的合作是相当人性化的，相当保护作者的。出版后，KDP 的版税结构对作者完全是透明的，每位在 KDP 上出版作品的作者可以获得相当于销售额七成的版税，这样算下来要比传统出版商给予作者的电子图书分成高得多，而且 KDP 自身也降低了电子图书的出版成本，为读者提供了更多低价的读物。截止到目前，在亚马逊的 KDP，每月的书籍出版和销售量超过 1000 本的作者就有 1000 多名，有部分作者的图书销量已经高达数十万册，更是有两位作者已经进入了由亚马逊评选的"Kindle 百万俱乐部"（Kindle Million Club）。对于作者来说，KDP 服务给他们带来了巨大的成功，但从另一个角度看，作者的成功背后必然是读者对海量书籍服务的满意。

接下来就来说说读者如何从 KDP 受益，最重要的一点就是他们可以用比以往低许多的价格读到内容更加丰富多样的书籍。要知道线上出版可以让那些已经被线下出版商以各种方式拒绝的作者找到出版自己书籍的机会。Kindle Fire 就好比是给了读者一个窗口，他们可以用自己的方式看窗外各色的风景。作个简单的比较，如果把 Kindle 的畅销书排行榜和《纽约时报》畅销书排行榜对比一下，就会发现前者榜单上的作品和作者更多样化，而后者则基本上被成功和知名出版商和作家所垄断。

因此，贝索斯的 KDP 项目几乎改变了传统出版、创作和阅读的模式，他那变革式的产品服务可以为数万名作家、企业家和开发者创造不可限量的价值。

只做唯一，不做第 *101*

新一代的 Kindle Fire 推出之时，贝索斯就表示这是一款面对大众市场的低价搭载了 Kindle 阅读器的平板，目的就是为了让 Kindle 打入大众市场，促进电子书的销售。新的 Kindle Fire 在显示器和续航能力上都做了相应的改进和功能的提升，相比之前的第一款要轻薄许多。虽然在功能上做了改进，但贝索斯仍然把新款的 Kindle Fire 的价格定位为平民价，支持无线 WIFI 和 3G 连接功能的版本售价为 189 美元，只支持无线 WIFI 连接功能的版本售价仅为 139 美元。后者已经成为了美国市场上支持无线连接的电子阅读器中最便宜的产品之一。贝索斯的目的相当明确，就是为了服务大众。

实际上，在第一款 Kindle 推出时，贝索斯就遭遇了一场相当惨烈的肉搏战。这一次新款 Kindle 的推出，正值电子书阅读器市场规模壮大之时，竞争之激烈可想而知。贝索斯的产品的主要定位是平价市场，但在平价市场上不乏像 Barnes&Noble 的 Nook 这样的产品与之展开了价格之战。而在高端市场，亚马逊的强敌就是苹果公司的多功能平板，售价也仅为 499 美元的 iPad 和它所搭载的 iBookstore。

贝索斯似乎一向都不惧怕对手的强大，只因为他对自己的产品有无限的信心。在 Kindle 推出之前，贝索斯就不遗余力地把自己的产品和 iPad 区别开来，他不止一次表示过，自己的产品只是一个功能集中的消

费型电子产品，它的主要功能是纯粹的阅读，而非 iPad 的多功能平板
电脑，因此在研发中，贝索斯果断地抛弃了彩屏和触控等吸引平板电脑
消费者眼球的炫目功能，只专心做阅读消费的功能开发。贝索斯认为，
大多数的书籍阅读者是不会去关注自己的阅读器是否具备视频和动画功
能的。如果自己的 Kindle 提高了这方面的性能的话，那无异于在分散
用户的注意力。"增加了视频功能，海明威的作品就会更好吗?"贝索
斯说。

平板电脑的开发从一开始就不是贝索斯关注的重点，甚至可以说，
他对平板电脑毫无兴趣。在他眼里，他的亚马逊不可能去跟风做 LCD
的平板电脑，他宁可把自己的 Kindle 打造成为市场上唯一的功能性阅
读服务产品，而不是第 101 个平板电脑厂家。纯粹的唯一，才是贝索斯
认为亚马逊给市场带来的真正贡献。

不开发平板电脑，不代表贝索斯的亚马逊就因此在其他领域停滞不
前，他专心于自己的电子书商店，就如同刚刚起步的亚马逊一样，拥有
梦想家气质的贝索斯还是执着于他的图书王国。在 Kindle Fire 推出的同
时，他还推出了一系列阅读程序，而这些程序如今都成为了苹果、黑莓
这样的大公司购买亚马逊的电子书所必需的软件。

Kindle 和 Kindle Fire 是贝索斯创立亚马逊以后最为自豪的两个品
牌。贝索斯将自己的电子阅读器和电子书商店两者相关联，却视为两个
独立业务，各自发展。有人问过贝索斯，Kindle 的平价销售和低价竞争
是否能为亚马逊带来赢利，贝索斯拒绝对自己的这一品牌进行评价。理
性人士分析，贝索斯的这一销售策略实际上的赢利来源已经不是单纯的
设备，而是内容，是 Kindle 背后那强大的电子书商店。

亚马逊的 Kindle 还会有第三代、第四代，甚至第二十代、第三十代，但贝索斯表示亚马逊的电子书阅读器无论发展到什么时候，都无心去抢占苹果的平板市场，只是希望在电子书市场站稳脚跟，认认真真地为每一位读者提供更便捷的服务、更完善的阅读体验。

亚马逊的新世界

Kindle Fire 的问世在很多人眼里是顺理成章的。作为世界上最大的在线零售商网络的亚马逊，除了已经拥有世界上最大的电子书阅读库以外，在过去的 5 年，它还建立了全球最大的网络电影和电视商店，亚马逊的在线音乐商店的规模也只是排在苹果之下而已。有了丰富的在线资源，就要有稳定的网络平台作为保证。亚马逊在谷歌 Android 平台上的独立应用程序商店拥有超过 1 万款付费的应用程序。亚马逊的云存储资源也是其他互联网程序难以匹敌的，它的服务器几乎遍布世界的每一个角落，它的云计算托管服务提供商也是全球最大的。在这些让人羡慕的资源基础上，Kindle Fire 实在没有什么理由不问世。

Kindle Fire 一经推出，果然在市场上引发了新的一轮轰动。就在Kindle Fire 发布的第五天，预订的人数就已经超过了 25 万人，一时间，Kindle Fire 的热门程度不亚于 2011 年初 iPad2 发布和预订的热门程度。这也预示着 iPad 的一个强有力的对手问世了。投资机构 Rodman & Renshaw 分析师阿肖克·库马（Ashok Kumar）表示，第四季度，Kindle

Fire 的销售量将接近 500 万台，这一数字预示着它在平板领域足以匹敌苹果的 iPad。

尽管外界的评论众多，但亚马逊似乎并没有加入围剿苹果 iPad 的活动中去。贝索斯似乎无意于此，但在研发 Kindle Fire 问题上，4 年来一直都保持着一缕神秘的色彩。在亚马逊内部，研发 Kindle Fire 逐代演进的团队是被贝索斯独立隔绝起来的特殊团队，无论是离苹果总部仅 1 英里之隔的加利福尼亚库比蒂诺电子设备部门，还是位于西雅图南湖联合区的亚马逊总部的"Kindle 办公室"，在外人看来都是亚马逊的"机要部门"，就算是亚马逊的普通员工都无法进入。贝索斯在这一点上的做法与苹果的乔布斯有异曲同工之妙。

尽管神秘，但 Kindle Fire 的问世的确和研究开发 Kindle 有很深的渊源。亚马逊的研发团队在前四代 Kindle 电子阅读器的开发过程中，确实在数字设备的硬件技能方面有了不少心得。他们知道了如何解决彩色显示屏技术的稳定性，知道了如何管理台湾元器件供货商，知道了如何设计出一个兼容电子阅读器和网页浏览器的数字设备，更知道了如果要将亚马逊旗下的所有内容服务都融进一款数字设备的话，让用户有更高端的体验时，那他们所推出的产品就只能是一款平板电脑。

只不过，无心去和苹果的 iPad 赤裸裸肉搏的贝索斯和他的团队一开始就没把发布 Kindle Fire 视作要在平板市场上分得一杯羹的举动。与 iPad 的多功能相比，Kindle Fire 更像是个专门为阅读者设计的阅读型平板。首先，它的显示屏只有 7 寸，很难达到 iPad 的大屏幕观影娱乐效果；其次，它的无线连接只能依靠 WIFI，而没有 3G 通信模块；第三，它没有内置摄像头和麦克风，这也使得众多的玩家很难在 Kindle Fire 上

找到娱乐的乐趣。这 3 点都和目前平板电脑市场上的性能竞争背道而驰。Kindle Fire 这款精简版的平板电脑既不炫技也不高调，它的市场定位十分明确，加上它还有人们难以想象的诱人价格——199 美元，即便是被拿来和最低售价为 400 多美元的 iPad 相比，消费者在心理上也很容易感觉到自己占到了便宜。

移动互联网加速器服务商 Appcelerator 的副总裁 Scott Schwarzhoff 在接受采访时就曾经说过："你会觉得它像 iPad 吗？应该不会，无论是价格还是其他什么因素，你都不会指望它是一款 iPad，尽管它的性能确实不错。因此，今后的市场上，Kindle Fire 是 Kindle Fire，而 iPad 还是 iPad，它们会各自瞄准自己的用户人群，而我敢说的是，将来前者的消费人群比后者还可能更大些。"这番话似乎已经把贝索斯的团队给 Kindle Fire 的定位很明确地分析出来了。单纯从 Kindle Fire 的硬件配备来说，它确实会让很多喜欢炫耀元件配置性能和供应商复杂程度的产品经理们不屑一顾，它的中心处理器不过是一个 1Ghz 的德州仪器双核处理器，内存也不过只有 8GB，没有摄像头和蓝牙麦克风，尽管有重力感应装置和光线感应装置，但平心而论，这确实像是一款在研发阅读浏览器过程中偶然诞生的产品。

曾有人估算过 Kindle Fire 的造价，认为它在市场上的售价低于它的造价，对于这个问题，贝索斯和他的团队拒绝透露 Kindle Fire 的实际硬件造价。显而易见，这是个毫无意义的问题，与此前 Kindle 电子书阅读器一样，贝索斯的策略不在于通过创造 Kindle Fire 的大销售量来赢利，他真正的目的在于用低价的 Kindle Fire 招揽更多的客户。别忘了，亚马逊不是苹果，它是个拥有全球最大电视电影和图书在线内容的供应商、世界上最大的云存储服务厂商以及全球第二大在线音乐提供商。贝索斯的 Kindle Fire 身后庞大的资源才是他真正的卖点。似乎从一开始，贝索斯就对于硬件和设备的销售没有太大的欲望，一切硬件的研发都绝非刻意而为，都是内容服务水到渠成的产品，他所卖的从来就不是硬件性能，而是硬件所带来的内容服务。Kindle Fire 从不在存储空间上大做文章，这点和苹果的产品设计理念截然不同，因为亚马逊强大的云存储能力让 8G 的空间已经足够用户使用了，毕竟大量的亚马逊音乐、电影和图书资源都可以放在亚马逊的"云端"之上，用户通过 Kindle Fire 所体验的资源服务就好比是"漫步云端"。

Kindle Fire 的另一个重要功能便是网页浏览。在 Kindle Fire 内部搭载的"超高速浏览器"Slik 所依赖的也是亚马逊内部的 EC2 云计算引擎，雄厚的亚马逊云技术是其他厂商所难以企及的优势。可以说，Kindle Fire 从硬件的层面来说同市场上的其他平板产品相比不具优势，更不用说和苹果的 iPad 抗衡了，但它所提供的内容服务却实实在在是它的优势所在，几乎不可能有哪个公司的数字资源可以比亚马逊更强大了。贝索斯自己就曾经在接受《彭博商业周刊》的采访时奚落市场上的平板电脑厂商除了苹果以外都"仅仅是在卖硬件"，而自己的 Kindle Fire 给予消费者的不但是硬件，更多的是服务。

确实如贝索斯自己所说，与其说 Kindle Fire 是平板电脑，不如说它是个电子阅读器和在线购物的数字终端。在最初开放 Kindle Fire 预订时，亚马逊就为所有预订的用户提供了"亚马逊金牌服务"的 30 天免费试用期，这实际上就是贝索斯通过 Kindle Fire 推广亚马逊在线商店里大量的音乐、电影和其他应用程序，用户在享受到 Kindle Fire 的便利的

同时也提高了在线商店的销售额。美国市场研究公司 Forrester Research 近期发布的数据显示，通过平板电脑进行的电子商务交易额已经占到了移动电子商务交易额的 20%。亚马逊正是瞄准了这一点，它强大的在线零售网络需要的是越来越多的消费者，而 Kindle Fire 所扮演的角色更像是个导购员，把消费者带入亚马逊的在线商店。投资机构 Wedge Partners 的分析师布莱恩·布莱尔（Brian Blair）在接受《第一财经周刊》的采访时就提到，亚马逊本身就是个封闭的完整的生态系统，"它提供一切，更重要的是，亚马逊知道怎么从中赚钱。"

这话一点儿不假，亚马逊创立 17 年来，贝索斯一直都致力于创新，这是亚马逊始终保持发展动力的重要原因，而贝索斯的创新与他人的创新有所不同，不在乎炫技，也不关心竞争对手在想些什么，一切都从用户的体验出发，每一次的技术更新或是服务升级都是为了满足用户日益增长的需求。所以他的 Kindle Fire 不用和苹果或是谷歌去拼应用程序的数量，或是处理器等硬件层面的性能。贝索斯甚至认为 WIFI 应用在一款阅读器当中会不会给他的用户造成不必要的麻烦。正因为如此，亚马逊推出的第一款 Kindle 阅读器曾被普遍认为是设计和工艺都很粗糙的产品，而这正好出自贝索斯自己的设计，幸运的是，此后的他看到了自己的不足和差距，很及时地纠正了自己的错误，接下来的几代 Kindle 销量和口碑都有了不少的提升。

如上文所说，把 Kindle Fire 和 iPad 作比较是没有现实意义的，但对比贝索斯和乔布斯却是个有趣的做法。两人都是互联网界的精英人士，都十分有个性，但比起乔布斯执着于美学特质的做法，贝索斯似乎是个更为现实主义色彩的人，他所关注的永远都是产品的价格，而且在价格上从不做妥协。

贝索斯在和 Android 平台的合作上也有自己的一套。与其他平板电脑生产厂商过于依赖 Android Market 做法不同的是，Kindle Fire 似乎从一开始就是个例外，它虽然采用了 Android 的内核，但几乎完全看不出是 Android 的产品。应用程序服务商 Appcelerator 的副总裁 Scott Schwarzhoff 认为 Kindle Fire 能够提供给用户更好的用户体验，"应用程序的开发者其实都非常现实，但我相信会有人愿意专门为亚马逊开发它特有的应用程序。"

尽管这种做法让谷歌很是不快，搭载了 Android2.4 内核的 Kindle Fire，实际上已经去除了谷歌的全部应用套件，转而换上了亚马逊自己的另一套服务。这也使得 Kindle Fire 成为了最名不副实的 Android 系统。

综观 Kindle Fire 的硬件和软件整体，贝索斯和他的亚马逊在技术层面所缺乏的就是一个自主品牌的独立操作系统。目前，外界盛传亚马逊正在和惠普进行秘密接触，准备收购后者抛弃的 WebOS 系统。显然，贝索斯的下一步计划就是摆脱谷歌的 Android 系统，真正开发一套属于亚马逊的独立操作系统，这也许正是亚马逊庞大的、吞噬一切的链条上的最后一环。也有人猜想，如果亚马逊并购 WebOS 成功的话，那将会有更多的开发者更青睐亚马逊。这一次，贝索斯的动作又是个水到渠成的举动，但它所带来的价值却是不可预料的。

尽管贝索斯一再强调自己的产品和苹果的产品所定位的消费人群不同，但同属于平板电脑市场的两个产品，矛盾和摩擦是不可避免的。特别是当以往的一些 iPad 用户转而使用 Kindle Fire 之后，竞争不免一触

即发。2012 年早些时候，亚马逊推出了专门销售 Android 应用程序的亚马逊应用商店（AmazonAppstore），随即苹果马上起诉亚马逊侵犯了它的商标权。紧接着，亚马逊推出自主品牌的云驱动（CloudDrive）和云播放器（Cloud Player），而这两项媒体存储服务都与苹果的 iCloud 计划相冲突。

在乔布斯离世以后，有更多的人认为在苹果的创新能力受到外界诟病的时候，贝索斯领导下的生机勃勃的亚马逊会异军突起，例如有人就认为在今后的科技公司发布会舞台上，"one more thing" 的精彩发布人就应该属于贝索斯，而不是苹果新任 CEO 蒂姆·库克（Tim Cook）。事实上，发布 Kindle Fire 的亚马逊和它的创始人贝索斯并未有乔布斯一般不凡的洞见，而且贝索斯自己也认为自己的亚马逊的赢利重点不在于与苹果在平板市场上分庭抗礼。贝索斯的过人之处就是让自己的亚马逊特立独行，不至于被苹果这种"神一样的玩家"牵着鼻子走。在贝索斯的亚马逊世界中，Kindle Fire 不过只是一个贩卖各种商品的开始，接下来贝索斯还会有动作，当然很重要的一点是，苹果是个很难绕过的障碍。

第六章
从只卖书到无所不卖
——亚马逊将来还会卖什么

当前的亚马逊似乎已经无所不能，强大地占据着互联网行业的霸主地位，即便是苹果等品牌也无法取代其在零售业的领头羊角色。很难想象，下一步贝索斯还会做什么，这或许只有贝索斯自己才知道。

无所不能的亚马逊

十几年来，亚马逊的发展一直都受到众多业界人士的赞许，为什么一个从车库里发展起来的在线零售企业可以最终雄霸互联网界呢？贝索斯是如何给予亚马逊非同凡响的竞争力呢？

亚马逊一开始并不是个无所不能的公司，它单纯地践行着贝索斯儿时的那个梦想，它的定位是个区别于线下实体书店的在线书店，贝索斯之所以这么做的原因是，现有的线下书店似乎满足不了那些和他一样的

读者越来越丰富的阅读需求，不论是书目的数量还是图书销售的灵活程度都有不少欠缺。鉴于此，贝索斯所创造的亚马逊说白了就是希望建立一个从读者需求出发的网络图书城，它可以做到无所不包，且服务和速度都颇有新意。随着公司业务的不断扩张，亚马逊的造诣似乎还不仅限于此，贝索斯给亚马逊的定位也在不断扩张，从网络书店成为了雄霸电商界的伟大的在线零售公司，它所涉及的行业也渐渐多了起来。俗话说："万变不离其宗。"尽管亚马逊涉猎的领域慢慢扩大，但贝索斯的经营理念却始终未变，应该说亚马逊的扩张野心并没有让贝索斯失去初心，贝索斯所固执追寻的那些经营哲学也是亚马逊无所不能的重要原因之一。

贝索斯有个习惯，就是每年在公司发布财务年报时，都会把1997年给股东写的信附在当年的财报后面，这么多年，贝索斯都坚持这么做，为的是提醒自己牢记当年创业初期的经营哲学。

1997年，贝索斯除了给股东写了一封沿用多年的书信以外，还论证出亚马逊的雇员政策。他曾经这么说："我们将继续聘用和留用那些思维活跃的、才华横溢的人员，我们还将部分采用股票期权（Stockoptions）来犒劳这些辛苦工作的员工。因为我们知道，亚马逊的每一次成功都在很大程度上取决于能够留住这样一支积极工作的团队，这其中的每一名成员都必须价值观一致、协同合作。这样的工作团队就理所应当成为这个公司的所有者。"贝索斯说到做到，在近20年的时间里，他已经用自己的实际行动回报了诸多为亚马逊作出巨大贡献的高管和员工。

截至今天，亚马逊在贝索斯创业理念的带领下，已经变得无比强大，这种强大是可以用数据来说话的。2010年，亚马逊的销售额已达

342.04 亿美元，公司的市值已达约 950 亿美元（截至 2011 年 7 月 18 日的数据）。大多数的企业家在企业扩张到这个阶段时，通常都会认为如此具有吸引力的亚马逊平台无形中让求职者的人力资本增值，再加上 IT 行业的人才流动性本来就高，作为 CEO 完全没有必要去给自己的员工股权。但贝索斯显然和他们的想法不同，他始终兑现自己的诺言。无论是过去还是今天，多数新加入亚马逊的员工都会在不同的时期获得贝索斯给予他们的一部分股权，让他们和自己一起感受企业的成长和成功。贝索斯的这一做法与众不同，但也是因为这种不同却成就了亚马逊近 20 年的辉煌，成为了亚马逊在各种竞争中保持持续领先的重要利器。

拥有技术基因的零售公司

亚马逊从最初的网络图书音像零售商最终转型为全球最大的在线零售商，并成为电子商务界的翘楚，不能忽视了"亚马逊网络服务"的功劳。亚马逊网络服务（Amazon Web Services，以下简称 AWS）除了为亚马逊自身的在线销售提供服务平台，它的服务能力还延伸到了其他供应商服务当中，这些供应商可以借助亚马逊的流量和仓储资源，在亚马逊的销售平台上销售自己的商品。贝索斯最初构想 AWS 只是由于亚马逊自身的库房设施、数据储存器和技术平台等资源出现了闲置，为了更有效地调动闲置资源，节约成本，贝索斯把这些闲置的资源租借给其他需要的供应商，这样一来，AWS 的服务网络就建立起来了，一方面节

省了自身的成本，另一方面也为其他供应商节省了开支。到 2010 年，AWS 服务的总营业收入占亚马逊总收入的比重虽不足 3%，但不可否认的是，AWS 已经成为了亚马逊 B2B 服务的重要组成部分。

在开发了 B2B 服务之后，贝索斯和他的亚马逊近几年来的动作更多地集中在开发针对个人消费者的 B2C 网络服务市场，主要是面向使用终端的用户提供音乐、照片、视频和文件等服务。B2C 的技术开发中，最撒手锏的应用便是电子书阅读器 Kindle，贝索斯的意图是将 Kindle 作为推广自己海量图书音像资源的工具，并借此建立一个类似苹果的 iTunes 一样的图书音像生态系统。

拥有如此庞大的内容服务体系，贝索斯是不会轻易放过全世界最大的市场——中国的。2004 年 8 月，亚马逊以约 7500 万美元的高价收购了卓越有限公司，组建了新的卓越亚马逊公司，贝索斯的在线零售业务正式宣布进军中国市场。和美国的网络服务体系相似的是，卓越亚马逊在线销售的产品超过 150 万种，并提供高效率的免费配送服务。

尽管贝索斯一再声明自己的亚马逊是在互联网技术发展后诞生的电子商务企业，但比起苹果和谷歌等业务单纯为电子产品或是软件的技术性能的研发的公司，亚马逊更像是个大的零售商，无论是之前的图书音像，还是现在种类繁多的百货日用品等，它的核心业务还是零售，贝索斯所做的技术开发都是为了服务亚马逊的零售业务，充其量，亚马逊只能算是一个有着丰富技术基因的在线零售公司，但贝索斯在这其中乐此不疲，即便亚马逊的利润率远远低于苹果和谷歌的 28% 和 35%，仅有 4.11%，甚至还低于线下的零售商沃尔玛的 6.05%。

不过，华尔街却不因为亚马逊的利润率低就低估了亚马逊的能量和成长进化的可能性，截至 2011 年 7 月 18 日，华尔街为亚马逊给出的市盈率是 94 倍，在这点上，亚马逊远远超过了线下零售老大沃尔玛的12.5 倍。之所以华尔街如此看重亚马逊的业绩，就因为贝索斯和他的亚马逊不但很好地消化了传统零售业成功的特质，像是低价、产品丰富、方便快捷，等等，还应用了互联网技术为满足客户需求找到了一种全新的方式，并尽自己最大可能地挖掘互联网的数据优势，降低供应、流通当中的损耗。很明显，亚马逊的营销模式为将来大规模销售数字化产品奠定了重要的基础。

　　贝索斯在技术研发上的投入应该称得上是零售行业中最慷慨的一位CEO，亚马逊的每一次规模扩大都和技术有关，这显然与其他零售公司的投资规模扩张模式迥然不同。2010 年，亚马逊的净利润是 11.52 亿美元，贝索斯在技术和内容开发上的支出就高达 17.34 亿美元，这样的数据几乎可以让大多数零售业的 CEO 感觉不可思议，但贝索斯仍然在这一年的年报中强调："我们要将发明创新植入亚马逊的基因，技术才是我们得以提升用户各方面体验的基础工具。"

　　技术竞争的本质实际上是人才的竞争，贝索斯认定亚马逊招募的人才必须是一流的，他曾在年报中说道："行业内合格人才的竞争一向都非常激烈，尤其是软件工程师、计算机专家和其他技术人员的竞争。"

人才争夺的压力

有贝索斯这么一个 CEO，亚马逊的员工可一点儿都不轻松。在面试应聘者时，贝索斯最常说的一句话就是："在其他公司你可以选择长时间工作、勤奋地工作和聪明地工作，只不过在亚马逊，你是不能三选二的，必须三者兼备。"

事实上，亚马逊的商业经营模式决定了它的员工必须具备上述贝索斯所提出的特征。亚马逊是个兼具互联网企业和零售企业特征的企业，那么它的员工也要兼具零售业的扎实和勤勉与互联网行业的活跃性和技术性的思维，应对问题时要有快节奏的响应。不管是亚马逊的哪个职位，大部分的员工都具备这样双重的特质。卓越亚马逊日用消费品产品总监杨明就曾经这样评价过一个卓越的采购职位："在亚马逊，系统的自动化和智能化程度很高，它可以帮助员工做很多事情，像是一个普通的采购经理所负责的 SKU（库存量单位，即库存进出计量的单位）就会有成千上万种，还要负责订单协调、补货和供应商沟通等诸多事宜。这么多的事情就要有一个具备综合素质的人才能完成，他至少必须要有数据分析能力、业务的整体判断能力和快速学习的能力。"

卓越亚马逊的高级招聘经理玛忆拉也说过，如今的亚马逊已经是一家跨国的全球性在线零售企业，它在招录新员工时有若干特殊的"硬指标"，也可以说要进入亚马逊就必须跨过这些"高门槛"。这些"硬指标"的出现只因亚马逊不认同"人海战术"。贝索斯不认为数量优势就代表团队的精良,亚马逊开发了大量的分析工具,所需要的业务人员是可以操作利用这些工具的,就销售、流量和用户偏好进行精准的分析,并就此分析某一项业务的发展趋势的人才。同时,卓越亚马逊还对应聘者的英语沟通能力有一定的要求。玛忆拉曾回忆说,2010 年,她所招聘的所有总监级人员几乎都有在外企工作的经历。

　　然而,卓越亚马逊在建设自己的人才体系时也正巧遭遇激烈的人才竞争。玛忆拉是 2010 年 2 月进入卓越亚马逊的,主要负责前端零售组织的招聘,她所组建的团队的主要工作是客户下订单之前的环节,例如采购、产品目录上线、网络营销和库存管理。她的团队在招募以上人才时,很明显地感受到近年由于行业内部扩张而导致的人才的供应不足,这种压力是前所未有的。玛忆拉回忆自己招募团队时称:"以招募采购人员为例,我们的公司不但希望找到那些有高素质并具备传统零售行业经验的人,还希望从不同的招聘渠道,像是品牌公司、出版行业、快速消费品行业、服饰或是鞋帽类等供应商或是外贸公司那儿招到优秀的人才。"从 2010 年卓越亚马逊招募的高级经理、总监一级的中高层来看,人才的来源渠道很广,其中还包括一些来自管理咨询公司和供应链服务企业的人才。

　　不过,玛忆拉也提到了在招募人才中常常遇到多个公司同时"猎才"的局面。她自己就不止一次遭遇和其他电商企业同时选中一个人才的情况。当下人才的激烈争夺使得被视为电商行业的"黄埔军校"的卓越亚马逊,员工也往往是其他电商企业所"惦记"的对象。

　　在电子商务界,把亚马逊称作是培养人才的"黄埔军校"一点儿不

为过，一直处在领先地位的亚马逊无论是供应链管理、数据挖掘还是其他方面的运营经验都领先其他公司许多，那些在亚马逊工作过的精英们自然被其他电商运营企业视作一块宝贵的无形财富。再则 IT 行业本身就存在人才流动快、流动频繁的特点，平均人员的流动率是 15%，电商行业的流动率会更高一些，普遍在 20%~25%左右，有的甚至高达 30%。可见，在全民电商创业的背景下，亚马逊要留住大量的团队精英，保持自己持续稳健的增长实属不易。

在这种每天都有自己的中层或是更高层的人员接到猎头电话的局面下，亚马逊顶着巨大的人才竞争压力，居然还维持了相对稳定的人才梯队，这不得不说是贝索斯人才策略的巨大成功。就拿卓越亚马逊为例，2010 年，玛忆拉所负责的 9 人团队就为卓越亚马逊招募到了超过 320 名的新员工，这已经大大超过了 2009 年的 120 人，这对于一直在业界保持低调的亚马逊来说，已经是非常了不起的成绩了，玛忆拉的团队用他们的努力为卓越亚马逊的业务扩张打好了基础。之所以可以完成如此大的成绩，玛忆拉的背后仰靠的是贝索斯所实行的全面薪酬福利计划。

"*90%*以上持股"

　　传统人力资源理论认为，一个公司要吸引和留住人才的做法无非就是企业文化、薪酬福利和成长空间。

　　先来说说企业文化。企业文化中最重要的是匹配度，人力资源部门能做到的便是尽可能地向员工展示本公司的文化。玛忆拉提到，卓越亚马逊在招聘新员工时，所有的面试会集中在一个上午或是一个下午全部完成，人力资源和业务线直属领导分工不同，避免重复提出相同的问题。一般45分钟到1个小时的面试会给应聘者预留10到15分钟的回答问题的时间。通常会在一到两周的时间内给应聘者发去回复函给出答复。如此高效率的招聘效率，呈现给应聘者的就是一个高效、快速、健康运转的公司形象，一系列人性化的做法都是迅速锁定人才的一种绝佳方式。

　　再来说说发展空间。卓越亚马逊的组织架构相对比较扁平，其中有很集中的4个核心业务，每个业务领域都能够提供良好的培训机制。无论从事哪个核心业务的员工都有足够的纵向提升空间，就横向发展来说，只要有需要，员工还可以获得转岗的机会。经过十几年的发展，亚马逊在世界各地的公司都已经依据总公司的人才梯队模式搭建起了高度标准化的成熟平台，人才的跳跃式发展纵然不太可能，但对于人才的发展培养，它也有自己的一套十分成熟的提升模式。

剩下的就是薪酬福利了。卓越亚马逊在招募人才中非常重视为员工提供全面的薪酬福利，以保证员工体面地生活。据玛忆拉透露，在电商行业中，她有信心宣称卓越亚马逊为员工所提供的待遇绝对属于最高级别，可以高于75%的电商同行的待遇。就算是把卓越亚马逊归类为IT公司，那么她也有信心说自己公司的待遇也属于中上等。

亚马逊公司在薪酬福利方面的另一个做法是经常就薪酬同自己的员工进行实际的沟通。无论是亚马逊的人力资源部门，还是卓越亚马逊，它们都不希望突然接到一份很突然的员工辞呈，原因是自己提供的薪酬与其他公司竞争没有优势。为了避免这样的情况出现，亚马逊会定期和员工进行薪酬沟通。

还有很重要的一点就是亚马逊从创立初期到现在都一直奉行贝索斯提出的"全员持股"的企业理念，无论是哪个级别的新进员工都基本上会直接获得一定数额的股票，这是实实在在的亚马逊公司的股票而不是期权。卓越亚马逊曾在自己的官网上宣布："公司的每一位4级及以上的员工都可以享有限制性股票计划。"

什么是4级员工呢？这要从亚马逊的核心业务说起了。亚马逊的核心业务集中在4~7 4个级别当中，如果达到8级就是VIP级别。一个管理进口食品、地方特产这些小类的采购经理就一般是4级或5级的员工。因此说，在卓越亚马逊，90%以上的员工都可以直接持有公司的股票。

亚马逊在给予员工股票时并不以工作年限为前提条件，只就股票兑现设置了年限条款，例如股票分为几个部分，工作满一年的员工可以兑现多少、满两年可以兑现多少。一般来说，在满3年和满4年时兑现的股票占比最高。另外，全员持股的亚马逊采用的是"先予后取"的哲学。以2010年卓越亚马逊招募的320多名新进员工为例，按照他们的级别分布，其中95%的人在一进公司就直接获得了公司的股票。此外，亚马逊的股票激励机制是持续性的，在绩效考核当中，被认定表现优秀的员工还会额外被赠予公司的股票。

亚马逊公司的"全员持股"已经是个公开的秘密了，但每个级别分别持有多少数量的公司的股票却仍旧是亚马逊公司的高级机密，外界无从知晓。外界只能根据亚马逊的股价大致推算出贝索斯的"慷慨"。2011年7月18日，亚马逊的股票收盘价报211.53美元，折合人民币一股的价格已经超过了1350元，而且还有持续上升的趋势。2012年年初至今，亚马逊的股价上涨已经超过了30美元。据亚马逊公司年报的数据统计，截至2010年末，亚马逊全球全职和兼职的员工已经超过了3.37万人，据测算，贝索斯给予员工的"基于股票性质的补偿"（Stock-Based Compensation）已经多达4.24亿美元。这个数字是十分庞大的，就算是算上那些季节性的临时员工，人均的分成也达到1.25万美元。有这样的员工薪酬福利，也难怪贝索斯总可以很自豪地宣称，公司和员工的关系一向良好。

贝索斯的"慷慨"正好体现了他身上哲学家的一面，"全员持股"代表着分享成功的哲学理念。玛忆拉说："亚马逊很重视主人翁精神，每一个在亚马逊工作的员工，希望都要有主人翁的意识，亚马逊也很真诚地创造良好的条件让员工一起分享它的成长。"1997年年底，亚马逊的员工还只有614名，公司的市值也不过4亿多美元，能发展到今天，这种分享哲学功不可没。

即便是已经和亚马逊"分手"的员工，亚马逊也希望能通过人力资源部门的努力推动离职人员的"回流"，这比其他的一些规定跳槽人员"永不再录用"的公司要人性化许多。2011 年，玛忆拉的一项重要任务就是让曾经离职的亚马逊员工重新回头，当问及她对此是否有信心时，她的回答很肯定。

发明的力量

著名的音乐共享网站 BandPage 的首席技术官克里斯托弗·托伦（Christopher Tholen）说过："对我们来说，亚马逊拥有着世界上最无可比拟的服务价值，这是谁都不能否认的，在 20 秒内，它的服务器容量可以提升一倍。在我们这个面临高增长和开发团队精简的环境下，很重要的一点就是彼此互相信任，相信我们彼此可以为全世界的音乐社区提供最有力的支持。5 年前，或许我们因为种种原因还不知何时能恢复，但自从有了亚马逊的持续创新，我们相信自己可以提供最精良的技术并持续良好地发展。"他所发表的这一番话并不为虚，亚马逊在如何提升网络服务、扩大电脑容量以及满足用户的关键需求等方面确实融入了很多，正因为亚马逊的服务创新，使得 BandPage 可以帮助 50 万个乐队和艺术家与数以千万计的用户时刻保持紧密的联系。

主营创新型易打包的环保午餐盒容器公司 EasyLunchboxes 的"妈妈企业家"凯莉·莱斯特（Kelly Lester）就曾经表示过，从 2011 年 4 月开始，她的午餐盒登录亚马逊销售，到 6 月份时，她的公司已经成为了亚马逊最大的午餐盒销售商，每天的订单基本维持在 50 个~75 个左右。到了 8 月、9 月，因为新学年开始，她的公司业务量激增，每天的订单量会增加到 300 个，有时甚至是 500 个，这对她来说简直是难以置信。但是亚马逊方便快捷的订单处理模式让这一切变得简单许多。此外，当客户们发现可以通过 Prime 会员来获得免费配送时，午餐盒的订单量更是开始疯涨。

　　失业后成立了 RJFBooksandMore 的鲍勃·弗兰克（Bob Frank）因为一次偶然的机会开始和亚马逊合作，没有料到亚马逊完善的网络服务系统为他的小公司打开了一个全新的世界。鲍勃说："当时我家里有 1000 多本书，冒冒失失地走进了亚马逊的世界，只不过想来尝试一下。一开始我卖出去了一部分书，慢慢地规模不断扩大，我越来越觉得这是个有趣的事情，就当即决定不再费力地寻找其他工作。现在的我没有老板的束缚，只有自己和妻子，这就是工作和生活的全部，我们为了自己的家共同奋斗，还有什么状态比现在更好的吗？闲暇下来，我们会一起出去找书，这就是我们的团队合作。每个月，我们在亚马逊的销售量大约是 700 本，这么大量的销售额，如果没有亚马逊的处理、送货和客服的话，那将出现我们无法应付的局面，我们不得不自己每天背着数十本书往来于邮局和其他地方。而现在有了亚马逊的服务体系，所有的事情都变得简单起来了。我很喜欢亚马逊，这是个让人感到满意的公司，毕竟对我们来说，它为我们把书送到了我们的客户手中。"对于鲍勃这样的小供应商来说，亚马逊是个太优秀的网络服务平台，以至于鲍勃戏称自己和妻子每天找书的过程就好比是"寻宝"。

"有了亚马逊的 Kindle 出版服务以后，我每个月所拿到的版税大大超过了以往传统出版社一年给我的版税。"《父亲的家》一书的作者亚历山大（A.K.Alexander）凭借这本书在 2012 年的 3 月份进入了 Kindle 畅销书的前 100 名。"自从我和亚马逊合作以全新的方式出版了《父亲的家》以后，我不用再为自己能否支付得起费用而操心，而在过去，我时常会有这样的忧虑。现在的我有了这么多的版税就可以放心地休假，放心地存钱。亚马逊是真正让我起飞的地方。从前在传统出版社出版书籍，我的手脚常常受限，无法按照自己的意思去写作，但是现在我不用再戴着镣铐跳舞了，我可以写我自己想写的东西，自我管理自己的职业，有了亚马逊这一合作伙伴，就好比身边有了一个理解这个行业的出版者，他们改变了这个行业的面貌，他们的做法既有利于作者，也有利于读者，彻底把选择权交还给作者和读者。"

另外一个知名的恐怖小说的作者布莱克·克劳奇（Blake Crouch）在 2010 年初决定通过 Kindle 出版服务出版自己的作品，这是他第一次和亚马逊合作，他自己曾说过，那个月就仿佛自己的生活处于一个新的定义时刻。"此后一年左右，我在亚马逊在线网站上所获得的点击率相当高，所获得的版税足以让我辞掉工作专心写作。通过 Kindle 出版图书所获得的绝不仅仅是生活上、经济上、个性上、情感上的改变。作为一个全职作家，待在家里的我充满自由，可以撰写任何我想写的内容，不再有出版社的编辑对我横加指责，我的创作热情高涨，这让我成为一个更高产、更强大、更快乐的作家。"布莱克和亚马逊的合作中包括了多部恐怖小说，还有 Kindle 的畅销书《Run》，他认为自己的写作梦想和创造力都因为和亚马逊及 Kindle 的出版服务合作而被大大激发出来，这让他终生感激。

《Abducted》等多部 Kindle 畅销书的作者特雷莎·拉甘（TheresaRa-
gan）也说过，亚马逊的 Kindle 出版服务才真正实现了作者有了面对读
者写作的机会，读者和作者之间不再横亘着传统出版商这些艰难的障
碍。作家有了更多选择，读者也有了更多的选择。畅销书《Hunter:
AThriller》的作者罗伯特·比迪诺托（Robert Bidinotto）在接受了亚马逊
的 Kindle 出版服务出版了自己的书籍之后，说道："亚马逊的这项服
务彻底改变了我的生活，像我这样年纪的非小说类作家从前是不敢指望
像畅销书小说家一样，但现在我快乐地发现，自己确实是潜力无限，是
亚马逊开启了我全新的职业生涯。"

快速成长的海外市场

自从并购了卓越，创建了卓越亚马逊公司，贝索斯就对其在中国市
场的发展信心十足。在他眼里，卓越亚马逊的规模扩大速度要比中国最
近上市的公司快得多。近期在接受海外媒体采访时，贝索斯对卓越亚马
逊表现出了极大的自信心，并对其发展给予了高度的评价。从 2004 年
8 月起，卓越亚马逊在中国本土化的业务发展超过了 7 年，贝索斯坦
言，7 年来，中国业务发展的规模已经超过了他当年的预期，他甚至用
"很成功"这样的字眼来形容卓越亚马逊在中国市场的发展。

在贝索斯海外扩张计划中，中国市场的起步并不算最早，却是他最

重视，并发展较为成功的一个案例。毫不夸张地说，电子商务行业在中国萌芽之初，不少外国企业包括很多的国内商人都看到了这其中的商机，甚至有人完全照搬亚马逊的生存法则和经营策略"山寨"出了不少中式的亚马逊，但结果都不尽如人意，反倒是以兼并国内企业的方式闯入中国市场的亚马逊却成了一个成功的案例。这似乎又一次强有力地证明了贝索斯在扩张亚马逊的海外市场时并不是一时兴起，而是经过了深思熟虑，这和他此前对亚马逊作出的每一次策略都以客户服务为宗旨、着眼于长远利益的做法非常类似。贝索斯显然很明白，尽管亚马逊在美国本土已经有了相当成功的业绩，但以同样的模式置换到其他国家就未必会产生同样的效果。

海外巨头冲击中国市场的例子不在少数，但在中国市场上，成功的却不多，原因是大多数海外巨头都要面对进入中国市场时出现的"水土不服"的问题。贝索斯的卓越亚马逊似乎没有出现过相似的情况，对此，贝索斯的解释是，在大多数情况下，跨国公司容易犯一个很大的错误，它们的中国区负责人想要讨好的不是它们的客户，而是它们的美国老板，这是个最致命的问题。因此，面对近期赴中国市场的美国公司扎堆的情况，贝索斯认为自己的卓越亚马逊的发展很健康、很稳定，"常常听到有媒体称，某某公司宣称要成为中国的亚马逊，但我们认为，只有卓越亚马逊才是真正的中国的亚马逊。"对于卓越亚马逊，和亚马逊一样，贝索斯着力强调的仍旧是如何让自己的客户满意，而这一次他所说的客户是广大的中国顾客，他认定这一点是卓越亚马逊目前也是将来获得成功的关键所在。

贝索斯的智慧之处就在于他不只是生搬硬套地把亚马逊的经营模式

移植到卓越亚马逊上，他做的仅仅是把曾经缔造了亚马逊奇迹的营销理论传给了卓越亚马逊，确切地说，他要求卓越亚马逊也始终把客户和服务放在企业发展的首位，只有如此才可能出现一个健康且持续发展的电子商务公司。因此，贝索斯给卓越亚马逊灌输的理念就是要在客户需求的基础上进行广泛的市场调研，有针对性地满足客户的需要，并研发一定数量的特色服务项目为中国客户的特殊要求服务。

目前，贝索斯给卓越亚马逊在中国市场上所制定的发展战略是采取同求统一模式，且同时结合中国本土市场的特定需求订制一些服务，例如组建属于卓越亚马逊自己专有的配送团队"卓配"，2012 年，"卓配"的配送量将达到 1000 万单。还有就是根据用户的下单地址预计配送的时间，卓越亚马逊已经为中国的 15 个城市推出了免费的"当日达"服务。如此服务品质在当前的中国电子商务市场算得上是首屈一指的，对于卓越的成功，贝索斯的这一发展战略功不可没。

亚马逊曾经在美国本土缔造了专属于自己的营销流通方式，在中国，卓越亚马逊也决不会忽略这一环节的开发。不久前，卓越亚马逊引进了亚马逊已经运营多年的"我要开店"和"亚马逊物流"模式，为中国的卖家提供商品陈列、推广营销、支付以及后端的仓储、物流和客服服务，正式宣布在中国市场推出第三方卖家平台。亚马逊在中国的扩张战略又往前迈进了一大步，也可以说亚马逊真正通过卓越在中国市场结束了摸索的时期，进入了生根发芽的阶段。独有的营销平台的建立也昭示着贝索斯和亚马逊在中国市场的扩张宣告成功。

创造企业平台与生态系统

　　最近《福布斯》杂志网络版的撰稿人海顿·萨乌夫尼斯（Haydn Shaugh-nessy）撰写文章称，苹果和亚马逊的成功让很多业界人士都感觉诧异，为何两家无视管理理论基本原理的公司却可以在短短的时间取得巨大的成功？海顿在文章中分析了两者成功最根本的在于理念的转变，它们都纷纷构建了自己的企业平台和生态系统，以吸引更多更优秀的人才。特别是贝索斯的亚马逊，如果说乔布斯是给苹果这一品牌创建了一个完善的苹果生态系统的话，那么亚马逊就是将人们日常关于消费的所有想法纳入亚马逊的体系当中，但凡在生活中的所想所需都可以通过亚马逊来实现。贝索斯一开始就很擅长去整合一切资源构建属于亚马逊的独特的网络平台，不论是客户，还是供应商，或者是中小型的商户都可以在亚马逊这一平台上找到属于自己的位置，分别扮演不同的角色，这就是贝索斯成功的秘诀，他帮助人们改变自己的传统习惯和方式，重新转移到了亚马逊的网络平台之中。

　　传统的理念认为，公司的发展在于自身的核心竞争力，而亚马逊的轨迹正在修改这样的理论。海顿的文章中写道，无论是有惊人之举的苹果，还是作为实体零售商"破坏者"的亚马逊都未遵守线性增长模式。亚马逊看似零售商，却已经把经营的触角伸到了硬件终端生产的领域，还发展出了一个应用社区和一个内容制作社区。在海顿看来，亚马逊的发展轨迹已经超出了传统公司经营理论的范畴，它不是单纯遵循着传统公司的发展模式发展，而是在贝索斯一贯的服务至上的宗旨的指引下一步步构筑着自己的亚马逊王国。

相比其他传统企业的发展轨迹，亚马逊的模式大致可以归纳为以下几点。

首先，亚马逊不相信关于核心竞争力的理论。核心竞争力的传统理念是在大量的综合性大企业集团发展的时代背景下发展起来的。这种理论尽管乍看起来很经得起推敲，毕竟在它的发展过程中有大量的事实证据可以证明。可是随着经济发展形态的快速变化，这一理论也呈现出了很多的不合理之处。如果具备对交互活动管理的能力，那么亚马逊式的成功就将破坏原本关于核心竞争力的理论，亚马逊的成功就是这么来的。当前的通信是即时进行的，而且信息量无比庞大，人们的想法、产品、概念和个性时时刻刻都在发生变化。如何管理这些大规模的、全球化的、即时的通信就成了一个很关键的问题，亚马逊取得了巨大的成功就和搭建了管理这些通信的平台有关。亚马逊借助了互联网的力量，把买卖双方联结在了一个共同的平台之上，彼此的沟通是即时的、立体的、多样的。客户可以感受到这一平台带来的一切便捷服务，而另一边，商家也可以在这个平台上对来自各地的、有各种不同需求的客户全方位地推荐自己的产品。在这两者的背后不容忽视的就是亚马逊的作用，贝索斯就是这个平台的总建筑师，他明白只有在买卖双方背后塑造自己隐性的服务角色，才是互联网企业的生存之道。

所谓的生态系统常常和终端产品联系在一起。亚马逊本身不但具有自己的平台，也具备管理即时的通信的能力，这种能力主要是通过它自

己的终端实现的。消费者一般可以通过自己的终端实现消费，无论是一个应用程序还是一本书，抑或是一次交互活动。这样一来，消费者的消费范围就被缩窄为某些固定的品牌，而这些品牌的背后恰好就是那些大公司所搭建的平台。因此，在亚马逊这个公司内部，平台和生态系统二者是互相补充、相辅相成的。

其次是平台优势。海顿总结过业界对苹果公司的评价后发现，绝大多数人都认为苹果在设计上具备优势，而这一优势是他人无法复制的。这一点只有亚马逊做到了，贝索斯用自己的能力复制了这种优势。准确地说，亚马逊也不是全盘复制了苹果的做法，它是在自己已然拥有的平台基础上，利用开发评论社区的经验建立了自己的销售商生态系统和作者生态系统。因此，除了看不见的生态系统以外，亚马逊还着力于开发一种硬件设备，它就好比苹果的 iTunes 可以控制数字版权管理，让电子出版成为一种可靠的、低摩擦力的业务。

在海顿的理论中，提到平台和生态系统战略的精髓在于为大量小型企业和数量较少的大型企业创造机会，而这一点，亚马逊从一开始就拥有绝对的优势。应该说，贝索斯在服务小型供应商这一点上做得相当不错，而且他是第一个尝试这一做法的人，他的亚马逊帝国正是因为有了这样的一个完善的服务平台，才让大多数的小型供应商和作者愿意同亚马逊合作，而亚马逊的生态系统也得以建立。海顿还提到，所谓平台，最根本的一套规则是它必须能够支持规模很大的互动，所以它必须是运行稳定的，永远不出故障的，这是需要投资加以保证的。亚马逊的平台就在贝索斯的每一次不舍成本的投资下运营得相当流畅。但实际上，平台的本质也就是一套做生意的规则，亚马逊的 CEO 贝索斯深谙其中的运行之道。

　　第三，重视自由创新。在过去的 50 年里，人类在接受教育提升自己的同时也在体验前所未有的挫败感。大量的人朝九晚五地上班，却是在强制性的时间内工作，自己想要的生活始终离自己很遥远。就好像众多和亚马逊合作的作者一样，在与亚马逊的电子出版服务合作之前，他们的创作在传统出版社那里总是受到了种种的限制，而亚马逊给了这些作者们非常自由的创作空间。事实上，创造力以一种更广泛的方式表达出来，才是新的生态系统成长的方式，那些曾经被挫败却具备创造力的人群便是拥有成熟的平台和完善生态系统的公司所必须重视和吸纳的。

　　提倡自由和创新在亚马逊的另一个表现就是贝索斯对精英团队的极度重视。对于一个依赖互联网的企业来说，拥有一支能够不断有创新意识和创意的团队是非常必要的。贝索斯几乎可以说是用一种极度乖张的人才培养和管理模式吸引着众多精英人才，并留在自己的人才立体计划当中以稳定公司的智库系统。关于这一点，下文将进行详细阐述，此处不做赘述。

第七章
出资建造宇宙飞船
——亚马逊之外的投资

贝索斯是个拥有天马行空一般想象的创业者，或许根本没有人会知道下一步他会带着自己的亚马逊去投资什么样的项目。贝索斯可能称不上是个成功的投资者，但是他绝对算得上是个奇特的投资者。

亚马逊的生存秘籍

事实反复证明，工业化的战略已经无法给现有的任何公司创造高增长或是带来高回报了。不论是亚马逊还是苹果，它们都是掌握信息的新兴企业，它们已经打破了传统企业工业化统治一起的局面。亚马逊利用了自己对客户信息的了解，建立了亚马逊、供应商和客户三方的互动平台，通过提供具有高价值的信息化解决方案来获利，这才是信息时代企业的生存之道。简单说，在这个信息飞速更新的时代里，信息要比土地、建筑或是制造产品的工业化力量更为重要。贝索斯显然看到了这一点，才让这个既没土地，又没建筑，更不可能具备产品制造力的亚马逊登上了顶峰。

和苹果一样，亚马逊的成功秘诀也在于工业化，凭借创造、管理、使用和销售信息来实现高水平的生产力，进而创造出巨大的价值，而这就是信息经济时代创造价值的"生意经"。亚马逊的本质是零售业，这点毋庸置疑，但好好看看亚马逊给零售业带来的难以置信的转变吧。传统的零售业大鳄最看重的便是"位置，位置和位置"或库存，不管是20世纪60年代大获成功的西尔斯百货（Sears），还是现在的沃尔玛（Wal-Mart），在它们的经营规模扩大同时的是店面规模和土地规模的扩大，它们钟情于"圈地运动"，总希望把大量的土地、建筑和库存纳入自己的总资产中去。事实上，如此大动干戈的"圈地运动"并没有给它们自身的前线销售额和利润带来丝毫的好处，公司的价值也没有得到提升。

而反观亚马逊，它不圈地，也几乎没有什么大型建筑或是仓库，但它却在过去的近20年里，从一家创业公司成长为在线零售界的巨头，它为股东创造的价值已经远远超过了那些还在工业化思维下与之竞争的对手。它的制胜法宝就是用信息化战略取代工业化战略。作为一个和互联网发生密切关联的企业，亚马逊利用电脑、智能手机的浏览器与客户发生联系，公司的全部精力几乎都被放在了和客户的联系上，而此时那些线下的传统行业竞争对手还在专心它们的房地产业。

Kindle阅读器的推出，亚马逊在信息产业上的野心进一步显现，它不再满足于印刷形式书籍的销售，转而着眼电子书籍信息的传递，这不但给读者的阅读习惯带来了革命，也给这个市场带来了革命性的变化。

继而，亚马逊又推出了 Kindle Fire 平板，贝索斯显然要在这条道路上继续前行，他的注意力越来越多地集中在信息方面，他希望消费者更多地接触和购买新产品，享受信息时代给他们带来的便利。

21 世纪，作为企业的经营者，必须认识到价值已不再是会计师口中的那些"硬资产"，诸如土地、建筑等，而是一个企业的创造力。只有像亚马逊这样的公司，熟知消费者的消费需求和产品期待，并尽可能早地获知这些信息，根据这些信息作出快速的反应，向消费者提出有效的解决方案，这类公司才能保证在激烈的企业竞争中获得现在乃至未来的成功。

贝索斯的投资增值

熟悉设计社区的人都知道 Behance，这是个专门提供给创意设计人士展示自己作品、分享他人作品的互动平台。创立于 2006 年的 Behance 的发展主要靠自身推动，最近它开始接受外部融资，它迎来了自己的第一笔高达 650 万美元的融资，其中就包括亚马逊的 CEO 贝索斯的投资。

贝索斯等人的这一次投资主要是帮助 Behance 度过生长周期的转折点，并进行下一步公司的规模扩张。从亚马逊的角度来看，像 Behance 这样的设计社区，投资意味着两个层面的含义，首先，拥有超高点击率的 Behance，无论是创意设计的数量还是质量都代表着设计界顶尖的水平，亚马逊的投资可以让亚马逊也有机会分享 Behance 设计的精良资源；其次，Behance 对亚马逊来说无疑是个更为广阔的平台，亚马逊可以从中拓展自己的服务网络，构建新的企业生态。

更让人想象不到的是，贝索斯还曾经是当前自己的对手谷歌最早的投资者之一，尽管现在两者在数字图书等方面都存在着极大的分歧，但在 1998 年亚马逊创立不久，贝索斯就以每股 0.04 美元的价格向谷歌投资了 25 万美元。此前也有媒体报道称，贝索斯在谷歌的投资总额是 10 万美元，等等。众所周知，谷歌于 2004 年 IPO（首次公开招股）的时候，贝索斯手里大致有 300 万股的谷歌股票。《纽约客》杂志的撰稿人肯·奥莱塔（Ken Auletta）就曾在自己的著作《Googled：一如我们所知的世界末日》（Googled:The End Of The World As We KnowIt）中透露，贝索斯当时确实给谷歌投过资。奥莱塔还在书中提到过贝索斯和谷歌的两名联合创始人拉里·佩奇（Larry Page）和赛吉·布林（Sergey Brin）在现任谷歌高管苏珊·沃西基（Susan Wojcicki）家的车库里会谈的详细信息。奥莱塔还描述过这么一件事情，1998 年和贝索斯一同投资的企业家拉姆·施雷姆（K.Ram Shriram）也在 1998 年把自己创办的购物比较网站 Junglee 卖给了亚马逊，同时也是施雷姆把贝索斯介绍给谷歌的两名创始人的。贝索斯也曾经在接受奥莱塔专访的时候说过正是施雷姆的介绍，让他“爱上了拉里和赛吉”。除此以外，如今风头正劲的社交网站 Twitter，贝索斯也曾是它早期的投资者之一。2008 年，Twitter 宣布自己已经获得了第三轮融资，资金是来自于贝索斯旗下的贝索斯风险基金。贝索斯的 Twitter 公司的投资金额高达 1500 万美元，主要用于网站的基础设施和可靠性建设。贝索斯的这一投资引起了业界众

多相关人士的注意。不难看出，在亚马逊之外，贝索斯的投资领域确实很广阔。

当然，不可否认的是在众多的投资中，贝索斯也经历过不少失败。就拿上面提到过的投资谷歌，十几年前，谷歌的 300 万股，如今有人替贝索斯算过一笔账，若是这部分股票还在手中的话，市值早就已经超过了 16 亿美元。只不过现在谷歌已经否认了亚马逊仍然持有自己公司的股票，当初的投资行为只不过是贝索斯的个人行为，和亚马逊无关。事实上，贝索斯的投资失误也大多集中在 2000 年互联网泡沫阶段，他曾经投资过两家小规模的电子商务网站 living.com 和 Pets.com，最终都相继倒闭。尽管这一系列增值投资都没有给贝索斯乃至亚马逊带来丝毫的收益，但是也引发了贝索斯对于电子商务经营理念的反省和思考。

成功的增值投资给了贝索斯巨大的想象空间，不成功的投资经历也给了贝索斯反省和总结思考的巨大空间。

云计算是亚马逊的一粒种子

2012 年刚刚开始，亚马逊的表现势头似乎就没有从前那么迅猛，业绩出现了一定程度的下滑，而接下来的业绩预期也不及外界分析师的预期，很多人开始对亚马逊产生了怀疑。贝索斯显然不同意这样的观点，"我从来就没想过要弄清楚亚马逊的市值，我想要的只是一个可以持久存在的公司。"作为亚马逊的创始人，贝索斯一直就坚持用自己的节奏去推动亚马逊的发展，他从不担心短期的利润滑坡，他只会对自己认准的有价值的技术或是业务投入巨资，比如云计算。

全球最早提出云计算的公司就要数亚马逊了，它也是最早把云计算应用在中小企业当中的领导厂商之一。当然，"第一个吃螃蟹"的亚马逊也为此付出了巨大的代价。就在推出云计算业务的 2006 年，亚马逊的股票就因投入研发云计算的成本过高而比 2004 年下跌了近 50%。

其实，贝索斯最初推出云计算业务的想法，不过就是想整合一下自己公司里闲置的 IT 设备，提高运算能力的价值。当时的亚马逊已经有了一套属于自己的庞大的 IT 系统，而这个系统的搭建主要依据是销售高峰期的需求，因此在销售量达不到高峰的时候，大部分的资源就被闲置了。而与此同时，很多中小企业又因拿不出这样的成本去建立一套自己的 IT 系统而无法享受到这部分的资源。考虑到了这一点，贝索斯作出决定，要正式推出亚马逊的简单云计算服务（SimpleStorageServiceS3）出租闲置的运作能力，既服务中小企业，也提升亚马逊 IT 系统的运作效能。

云计算服务不等于简单的出租。亚马逊要吸引更多的中小企业，就要投入更多的研发预算，需要更复杂、更庞大的技术作为支持，保证它的云计算在技术上的领先。亚马逊的云计算服务由于其大量的商户基础，一开始就不缺少客户，亚马逊的首席技术官 Werner Vogel 认为，亚马逊作为一个在线零售业的巨头，长期专注于用户需求，这使得它在给中小企业提供 IT 系统基础架构时，表现出他人所没有的成本控制力和服务用户的能力，这便是亚马逊的云计算一马当先的缘故。因此，在云计算服务领域，亚马逊不但是这一概念的倡导者，更重要的是它还是个

成功的实践者。

2010 年，亚马逊在云计算领域的总收入为 5 亿美元，尽管这个数字在亚马逊全年 342 亿美元的总收入当中并不突出，但外界普遍认为亚马逊的云计算服务蕴藏着巨大的潜力。连贝索斯自己都说，云计算服务现在还是一颗小小的种子，但将来的某一天，它一定会成长为一棵苍天大树，它势必对公司的赢利有重要的影响。因此，贝索斯对于现在的每一个投入都感到自信十足，哪怕短期内亚马逊的赢利受到了影响，或者是遭到投资者的质疑，他都不以为然。

最近，贝索斯又提前推出了内置广告版的 Kindle。这一款新型的 Kindle 所配备的硬件与前几款相同，之所以在价格方面做了一定的调整，就是因为上面所搭载的广告为其带来了一定的收入。

除了云计算服务，Kindle 算得上是贝索斯创新推出的另一款关键产品。2007 年，Kindle 问世，随后这个重新定了阅读的产品成为了亚马逊最畅销的单品。也是自从有了 Kindle 下载书籍之后，亚马逊电子书的销售量首次超过了纸质书的销售量。

不论是云计算服务，还是 Kindle 的推出，这些创新性项目的问世都标志着亚马逊已经超越了在线商店的定义。贝索斯不喜欢人们把他的亚马逊称为"网上沃尔玛"，他说："我们不愿意看到亚马逊被称呼为任何一家线下公司的.com 版本，亚马逊就是亚马逊。在我看来，如果我们总是在关注自己的对手在做什么，那么这个公司的发展就会被人牵着鼻子走。此外，我们必须时常调整自己的策略，因为我们的竞争对手不总是同一个。"

如今的亚马逊销售数字音乐，推出视频点播服务，成为娱乐内容的供应商，还推出了自己的电子书阅读器 Kindle 以开拓新的市场等，这个公司已经发展到涵盖硬软件领域、横跨实体经济和虚拟服务的大亚马逊了。无论外界产生多少质疑的声音，贝索斯显然不为所动，他有他自己的计划，也正是因为有了他，才有了今天成为全球最重要的科技公司之一的亚马逊。

贝索斯与他大胆的宇宙飞船投资项目

贝索斯最让人咋舌的投资举动莫过于投资载人航天项目。他曾经被《福布斯》杂志誉为这个世界上最为独特的"创意机器"，他在亚马逊公司之外的很多想法和很多举动都可以称得上是惊世骇俗的，贝索斯总走在时代的前沿，做出了不少"出格"的事情。很多人对此并不了解，这就是一个怪才的想法。

他投资载人航天的举动，追根溯源还是和他儿时的太空情结有关系。儿时向往自由的贝索斯很难不对未知的太空感兴趣。他的童年正好处于美国载人航空起步的阶段，所有进入太空的航空员不但成了小贝索斯的偶像，还给小贝索斯的人生开启了一个全新的世界。从那时起，贝索斯就对未知的外太空产生了浓厚的兴趣，也可以说从那时起，贝索斯的心里就有一个强烈的太空情结。他开始关注身边所有关于太空探险的信息，尤其喜欢收集各种太空飞船的海报，甚至用科幻电影《星空奇遇记》中主人公的名字"卡马拉"给自己养的小狗命名，这足以看出当

时的贝索斯对太空的痴迷程度有多么狂热。进入高中，随着自身各种知识的不断完善，贝索斯已经对太空有了更为理性的认识，他撰写过一篇关于零重力的论文，并因此受到美国宇航局的邀请，到宇航局进行参观学习。此行更是激发了贝索斯对太空探索的兴趣。贝索斯曾在自己的高中毕业典礼上坚定地表示，考虑到人类生存的需要，向太空移民是将来很长一段时间势在必行的一个研究课题，必须在地球以外的空间找到一个适合人类居住的环境，且兴建人类的永久聚居地。这一发言虽然看起来还带有幻想的色彩，但对于当时年少的贝索斯来说已经极为不容易了。

这个梦想从高中开始就在贝索斯的心里开始扎根，却一直没有具体实现的可能，毕竟投身于太空事业不仅需要勇气，资金储备是更为现实的条件。直到 2000 年，创业已经满 6 年的贝索斯已经通过亚马逊的成功崛起获得了一定的现实资金基础。当时的贝索斯已经在电子商务业界无人不知，无人不晓，作为拥有世界上最大的图书零售商亚马逊的老板，不但被《时代》周刊评选为 1999 年的风云人物和第一位成功的网络零售业巨头，还被美国的《福布斯》杂志评选为 2000 年全美最具影响力的企业家之一。在事业上已经登上了顶峰的贝索斯，此时儿时关于太空的梦想又一次在他心里萌生了。

2000 年，雄心勃勃的贝索斯正式开始实施自己的太空计划，他悄悄地成立注册了一家名为"蓝色起源"的公司，这家公司的主营业务只有一个，就是从事外太空和航天器的开发和设计。贝索斯的目的很明确，就是为了实现长期以来的梦想，这个疯狂的想法在这一刻化为了现实。其实在投资外太空项目的企业家当中，贝索斯并不是第一个，在他之前，微软的合伙人保罗·艾伦就曾经投资 2000 万美元研发航空器"太空飞船一号"，于 2004 年完成人类历史上首次私人载人航天器太空之旅。另外，英国维珍集团下属的维珍星际旅游公司也于 2005 年年底和美国新墨西哥州签约，联合兴建搭载太空游客的火箭飞船发射站，计划从 2009 年开始送人上太空。只不过这些人的做法比起疯狂的贝索斯来说实在算不上什么，和之前的企业家一样，贝索斯的"蓝色起源"重点还是放在了太空项目的研发上，只是更疯狂的是他居然还要参与整个项目的管理过程，就算像亲笔为这个事业撰写招募启事、亲手为第一次试验成功开启香槟，他也要亲力亲为。可以说，贝索斯几乎是把自己全部融入了自己的"蓝色起源"计划当中。2005 年起，贝索斯就在得克萨斯州买下一大片农场，主要用于私人火箭的发射、降落实验。2007 年 1 月，他又开始在自己亲自制作的网站上公布了此前实验的一些照片、视频，同时贴出专业人员的招聘广告："如果您是一名工作努力、技术超群、善于合作、经验丰富的航空工程师或工程学领域专家，蓝色起源需要你。蓝色起源希望聘请您。"贝索斯开始为自己的太空计划招兵买马，此后他招募到了一大批的专业人才，包括物理学家、前美国宇航局的科学技术人员以及一大批的太空狂热爱好者，这批人才秘密地在得克萨斯州的基地里为贝索斯的梦想工作、实验，目的就是要设计出一款廉价的太空飞行器，为人类的太空移民提供成本更为低廉、更为便捷的飞行工具。

　　直到 2006 年，外界才了解了贝索斯的"蓝色起源"计划，知道贝索斯为此投资了 3000 万美元，他的团队正在研发的飞行器名为"谢泼德"号。这款飞行器一次可以搭载 3~4 名太空游客，而且与现有航天飞

行器不同的是，贝索斯的团队所设计出来的私人航空飞船无论是发射或是登陆都是垂直进行的，它在正常情况下可以不由地面的地勤人员控制其起飞或是落地，只需依靠机子内部搭载的计算机就可以自主完成这一系列的工作流程。"蓝色起源"于 2011 年 11 月 13 日首次在德州的火箭发射场秘密进行首次私人太空船发射试验，结果大获成功。实际上这次发射计划原定是 2010 年举行，但很遗憾那一年贝索斯并没有完成他的这一计划，这其中的原因，他在一次接受记者采访中曾提到过，那时候各种技术尚未完全成熟，他的团队也曾经发射过一个不载人的航天飞船进行实验，但很快就消失在茫茫太空当中，并没有获得该有的成功，于是，贝索斯和他的团队果断地推后了私人太空航天器的发射时间。一直到 2011 年，贝索斯和他的团队都确信自己所设计研发出来的航天器在万无一失的情况下，才精心准备了这次发射，此前他们都已经为此做了充分的准备。

贝索斯在提及自己的这个非常伟大的事业时曾经说过："我们有耐心且有信心用自己的方式逐步降低太空飞行的成本，让大多数人都有可能实现自己的太空梦想，只不过完成这一梦想的过程必须是循序渐进的。在这一过程中，我们的团队会采用渐进式的推进方式，持续有力地提供资金保障来保证各项工作的顺利进行。快跑固然可以让我们更快地靠近目，但很容易让自己忽略掉很多细节，所以我们所采用的小步快跑的方式，既有利于大家集中注意力，又有利于让自己的工作成果尽快升空。"经历了十几年在电商业的历练之后的贝索斯已经变得更加老到，他早已学会了做事的一系列策略：耐心、有步骤地推进、小步快跑、团队集中注意力。在他的太空梦想里，他用的也依旧是和推进亚马逊一样的策略，这也使得他的私人太空飞船和火箭可以成功升天。

　　"蓝色起源"公司的 Logo 很有意思，它很有象征意义，和此前贝索斯招募人才时在自己的网站页面上写的最后一句拉丁文的意思相近，都是拉丁文"Gradatim Feroiter"，它的中文意思是不断前进、永不言败的意思。从这句话和商标中可以看出贝索斯正是将亚马逊创业时所秉持的精神直接带到了他的太空事业当中去。

下 篇
贝索斯的 10 个领导力

如果说亚马逊的诞生在互联网世界称不上一件大事的话，那么此后它的发展就成了互联网界最受人关注的一个模式，而这一模式的缔造者贝索斯自然也就成为了众人眼中的焦点。贝索斯所有关于亚马逊发展的理念都成为了此后业界争论的焦点，而在这些争论当中，贝索斯身上的核心领导力渐渐浮出了水面。

第八章
准确定位
——将战略构筑在恒久不变的事物上

无志之人常立志，有志之人立长志。找到自己的立足点，并以此为基点看清前方的道路、做好出发的计划是每个成功的人都曾经做过的事情，贝索斯也不例外，他没有超能力，只是一旦找准了方向，就笃定了自己的信念。

笃定长期战略

贝索斯借助互联网掀起的热潮，在创业的前 3 年就把亚马逊变成了 IPO 的香饽饽。早在 1997 年，成立才 3 年多的亚马逊在纳斯达克上市的时候，融资量就高达 5400 万美元，亚马逊的市值也一下子增值至 4.3 亿美元。

不过很快，投资界就不再看好亚马逊了，这其中很大一部分原因是因为他们不看好贝索斯的经营哲学。贝索斯在 1997 年就提出了亚马逊的关注重心在于公司的长远价值，而不是短期利益，贝索斯甚至还在致股东信中特别强调了这一点，这显然和大多数公司的做法完全不同，那个时期，大部分公司都习惯去满足股东的眼前利益。

在那一年的致股东信里，贝索斯把自己心中关于亚马逊发展的战略管理理念透露给了亚马逊的各位股东，这一理念从那时起就成为了指导亚马逊发展最重要的管理理念，直到现在，延续了将近 20 年。在那封信里，贝索斯说到了关于亚马逊发展的几个核心要点，例如，创造长远价值为公司发展的核心；客户至上；选择最大化未来现金流要比选择最优化 GAAP 报表更为重要；创建并留住极具创造力的工作团队；适应公司快速增长的流量、销售、服务水准，提高公司基础设施的配置；公司之所以可以获得更高的收入、更多的利润、更快的资金周转率和资金回报率都和它所处的市场地位有关，等等。

也就是从那一年开始，这封致股东信就一直被附在贝索斯每年致股东信的后面，这足以说明他对自己这些经营理念的执着，也说明了贝索斯在经营上过人的远见。十几年来，贝索斯对于亚马逊经营哲学的坚持和执行力创造了亚马逊的辉煌，可即便是在亚马逊最困难的时期，无论是亚马逊市值蒸发，还是业绩趋缓，贝索斯也仍旧坚持自己的判断，从未怀疑。这一切都因为贝索斯是个乐观的人，他也一直这么自我认定，因此他总是能很乐观、很积极地面对挫折。亚马逊发展到今天，其中有 8 年都处于亏损中，就算是在这些时间里，贝索斯也从未动摇过。

其中，在互联网业泡沫最严重的 2000 年，亚马逊也遭遇了很大的挫折，亏损额高达 14.1 亿美元。那时不但亚马逊股票下跌了 80%，贝索斯也遭到华尔街的一片质疑，贝索斯即使在这样恶劣的环境中，也始

终坚信着自己的经营哲学。这一点在 2010 年贝索斯的致股东信中可见一斑，他引用了华尔街金融大师本杰明·格雷厄姆的名言："就短期利益而言，股市就好比是个投票机器，而从长远来看，股市就是个称重机器……对于亚马逊来说，最好的做法就是把长远的眼光着眼于用户的利益。"所以，即使处于亏损中的亚马逊仍然把长远利益作为公司的着眼点。基于这点考虑，亚马逊把主要精力放在了 3 个领域，即传统网络零售业务系统支持、流式视频和其他媒体业务和产品开发。除此以外，亚马逊的业务重心还包含了云计算服务技术基础构架及其相应的技术投资和业务扩张。

长远利益和眼前利益二者天生就是一对矛盾体。贝索斯敲定了亚马逊将专注于长远利益，势必要牺牲公司的短期利益。为此，亚马逊经历了长达 8 年的亏损期，贝索斯把大量的资金投入到了物流、网络服务的构建中，直到 2003 年，亚马逊才开始赢利。随后，贝索斯又推出了 Kindle Fire 平板，亚马逊又将自己的大量赢利用于开发此项项目，2011年，亚马逊的净赢利甚至不如 2010 年，同比减少了 45%，仅为 6.31 美元。只不过这一次，贝索斯似乎从一开始就为这一项目的亏损做好了长足的准备。

推出 Kindle Fire 终端，在贝索斯看来，这本身就是个需要足够耐心去慢慢开发的项目。贝索斯曾经对外表示过，Kindle 项目的开发对亚马逊的赢利影响巨大，这一切都源于其巨额的投入，或许有不少投资者会因为近几个季度亚马逊持续下滑的业绩而失去信心。但 Kindle 项目在长远利益上能够给亚马逊能带来什么，或许只有贝索斯和他的团队心里才最明白。在亚马逊成立初期就在贝索斯的工作团队中工作过的埃里克·贝斯特（Eric Best）就说过，贝索斯是个极有远见的人，一旦他认准了什么，就会不惜一切代价地投入资金和资源，所以，贝索斯所作出的所有决定都不应该被怀疑。

探索和创造新战略

互联网产业作为 20 世纪刚刚兴起的产业，曾有人为之疯狂过，也有人为之失去梦想，尤其是在互联网经济泡沫时期更是有不少人对此提出怀疑的看法。同样经历过那一困境的贝索斯和他的亚马逊也受到过不少外界的质疑，很多人在互联网经济不景气的时候就提出，亚马逊不过是一场"一次性的奇迹"，很快像沃尔玛这样的大零售商就会把亚马逊击垮，贝索斯和他的企业就会因此成为历史。时至今日，亚马逊的零售业发展显然已经让此前的那些人统统闭嘴，线下的零售大鳄纷纷在它的冲击下感到了前所未有的危机的来临。只可惜，质疑的声音从未中断，随着苹果公司 iPad 产品的推出，亚马逊在图书音像市场上所受到的一系列冲击又成为了外界质疑贝索斯和亚马逊的最佳依据，但贝索斯仍旧是贝索斯，他还同以往一样淡定，因为他的亚马逊是靠业绩数据来说话的。

2012 年上一季度亚马逊公布的财报显示，公司的利润已经高达 2.99 亿美元，同比增长 68%。再来看看亚马逊的图书销售量，2012 年上一季度电子书店的图书销售量也高达刚创立时的 10 倍之多，而 Kin-

dle 的用户数量更是突破千万。贝索斯一再强调苹果的 iPad 并非自己的 Kindle Fire 的威胁，因此，在面临 iPad 在电子图书音像市场上分一杯羹的形势下，贝索斯仍旧泰然自若。

不过，外界的反应显然不可能如贝索斯那般淡定，iPad 和 Kindle Fire 的竞争成为了众多媒体最近追踪的热点话题。《财富》杂志曾就这个话题对贝索斯做过一次专访，专访的主题便是在这样的市场竞争条件下，贝索斯和他的亚马逊将如何迈向未来。在这次采访中，《财富》杂志的记者几次问贝索斯 iPad 的问世和 Kindle Fire 的降价之间是否存在必然联系，他都否定了这一说法。贝索斯仍然坚持 Kindle Fire 和 iPad 之间有着本质的区别，它们所定位的消费群体并不相同，它们的市场定位也不相同，这是两个截然不同的产品类型，相较于 iPad，Kindle Fire 是为了读者而准备的。

贝索斯认为提到 Kindle Fire 就不得不提到亚马逊推出的 Kindle 电子书阅读器。Kindle Fire 是一个搭载了 Kindle 阅读器的终端平板，它所奉行的依旧是亚马逊电子书的营销战略——"一次购买，随处阅读。"使用 Kindle Fire 可以更好地感受到 Kindle 便利快捷的阅读体验。但同时 Kindle 并不专属于任何一个终端设备，只要读者手中有一个电子终端，无论是 PC，还是 iPad、iPhone，或是选择使用亚马逊的 Kindle Fire，只要有了 Kindle 电子书阅读器，就可以随时随地通过自己认为最为便捷的方式进行下载和阅读，Kindle 的使用并不限制电子终端。贝索斯的这种策略，很明显与苹果的 iPad 的市场定位有着天壤之别，Kindle Fire 不过是个用来推广电子书阅览器的电子终端，是个低价位的读者阅读终端罢了。贝索斯的做法只是在为读者服务的使命感的驱动下做出的，他的

Kindle Fire 并不是为了创造一个属于亚马逊的影音娱乐帝国，更多的是为了方便读者使用 Kindle 阅读电子图书的需要，这才是贝索斯的理由所在。

在贝索斯的世界里，为自己的电子图书在线营销提出一个新的经营战略是他作出任何决定的根本依据。Kindle 的问世改变了书籍最初的"模样"，但本质并没有改变。贝索斯利用一种更为快捷、更为统一的方式，让读者更快地进入作者笔下的世界。而这些在不知不觉中践行着贝索斯的营销策略。

就贝索斯的营销理念而言，亚马逊将在他的打造下成为世界上最以客户需求为中心的公司，所有的业务和营销都要围绕着用户的需求展开，所以，无论什么时期，无论亚马逊的营销战略做多大的调整，这个核心是不会发生转移的，而大部分的经营战略也都是针对这一核心提出的。在回答《财富》杂志提出的关于亚马逊的公司定位问题时，贝索斯就多次提道，这个圈子里有太多公司开展业务只从技术出发，因为它们只看到了自己的技术特长，却从来不问自己的客户需要什么，而亚马逊选择了一条同传统公司不同的道路，公司所有策略的出发点都是客户的需求，再在客户需求的基础上进行技术研发。可以说，贝索斯的战略研发的核心在于客户需求。

在掌握了客户的需求之后，接下来，贝索斯和亚马逊要做的就是通过不断地创新尝试来尽可能满足客户不断提升的需求。贝索斯曾经说过，一家公司从失败和成功中所学习到的东西同样多。他认为，只有持续不断地试验才能在真正意义上减少创新所投入的成本，毕竟大多数的试验都会以失败而告终，但要获得发明创造，在单位时间内做尽可能多

的试验是唯一的途径。只有做得够多、经历过足够多的失败，才能有成功的结果。亚马逊是个很注重创新的公司，贝索斯希望自己的公司生产出的产品不被人称作"跟风产品"，这无疑需要经过一次又一次的尝试、一次又一次的失败，最终才能获得创新的可能。创新和尝试是贝索斯和他的亚马逊在经营战略上的重要途径，也是贝索斯创立亚马逊这么多年以来最乐衷的事情。

当然，贝索斯作为一个商人，成本是他所必须时时考虑的一点，创新和尝试的成本有时会超出一个公司的资金承载能力，那么如何一方面降低试验的成本，一方面还可以保证创新能力，就是贝索斯在制定公司发展战略时不得不考虑的一个问题。在这个问题上，大多数的公司就提出了"密切跟踪"的商业策略。所谓的"密切跟踪"实际上是一种在业界十分普遍的商业策略，它大致的意思就是让自己的竞争对手先去"踩地雷"，也就是说让对手先进行类似的试验，大部分情况下，试验都会失败，而这些失败的经验才是自己要时时关注的、密切追踪的，直到成功的迹象出现，哪怕只是那么一点点，都要及时地跟进。而对于贝索斯来说，他并不认同这样的做法，尽管"密切跟踪"对于大多数公司来说是个安全妥当的策略。贝索斯也认为"密切跟踪"确实安全，但在互联网界如要做到密切跟踪某一家公司的试验成果，显然困难不小。与其如此费力费心地追踪他人的试验，不如尝试一下自我探索和创造。这样的想法和贝索斯一向注重长远利益的理念不谋而合，贝索斯需要挑战，而这种挑战是从自我尝试中来的，因此，摒弃了跟风的亚马逊选择的是自我探索的战略，这对贝索斯来说有趣得多。

路在自己脚下

成功者善于做的就是审时度势，亚马逊之所以可以拥有如此大的能量，和它的掌门人贝索斯有着一双敏锐的观察市场的眼睛有关系。贝索斯时时提醒自己的员工要注意那把"空椅子"，似乎从表面上看起来，他的策略重心是落在了服务他那上亿的客户上，但实质还是关注市场，只要那个空椅子上的人有一点点变化都会引起他极大的兴趣。贝索斯在亚马逊内部就非常强调管理者要学会在市场的变化中寻找机会的能力。作为管理者，必备的素质就是把市场吃透，哪怕是一点点的风吹草动也要管理者用放大镜去细细观察，这样才是积极了解市场的姿态，才会练成洞察市场变化的"火眼金睛"。在亚马逊内部，贝索斯很是以身作则，他要求管理者做到的，他都自己先做到了，他的每一次创新和改革都是从市场趋势中发现机会，见微知著，从而为亚马逊的提升保驾护航，可以说，亚马逊的每一步前进的方向都牢牢地把持在他手上。

彼得·德鲁克说过："管理者的一项具体任务就是要把今天的资源投入到创造未来中去。"成功的企业家不是预言家，但他绝对是最能把握未来发展方向的人，贝索斯就是这类人，他仿佛是个固执的人，但他的固执总是和亚马逊的未来发展紧紧联系在一起。或许今天有人不理解贝索斯的做法，但在不久的将来，他就可以用自己的业绩来证明自己的选择是正确的。不留恋过去、从创新中发现合适的机会、立足现在、掌

控未来，这是贝索斯身上最值得其他企业家学习的可贵之处。

　　对于大多数的中小型企业，或是刚刚起步的企业来说，管理者是否能够以从市场中发现机会为企业发展的前提，几乎决定了企业未来的走向和成败。曾有在亚马逊工作过的员工曾经回忆说，贝索斯时常对他们说的一句话，就是亚马逊的未来发展是有规律可循的，掌握这些规律、作出正确的决策、主动创造企业的未来，这是管理者必须做的事情。可见，假设贝索斯没有对亚马逊的未来规划做一个明确的方案的话，那么企业只会如无头苍蝇一样在市场上无所适从。互联网企业本身就是一个更新换代极为迅速的行业，贝索斯的睿智让这种更新换代的压力几乎没有在亚马逊身上出现。而这一切都源于贝索斯对形势做出的判断，他了解自己的亚马逊，了解这个市场，甚至是他的每一个客户，能做到这一点的企业家是可怕的，拥有巨大的能量，那又何愁不能引领一个大型企业走向成功？大型企业如此，中小型企业更是如此，在竞争力和资金保障都不是那么充足的基础上，管理者的一个小小的错误都可能带来蝴蝶效应，企业很可能因此蒙受灭顶之灾。因此，贝索斯独到的眼光和准确的定位给众多的企业家们上了重要的一课。

　　商场如战场，人们都把商业竞争看成了一场没有硝烟的战争，贝索斯无疑是近20年来这场战争的决胜者。亚马逊在一次又一次的战争中立于不败之地的关键是贝索斯总是能够提前嗅到亚马逊内外环境的变化。他就好像是个顺风耳或是千里眼，总在纷繁复杂的形势中能够比其他人看得更远、听得更清楚，正因为如此，才让亚马逊的发展一步步走得十分踏实，最终成为了电商业最伟大的领航者。固执的贝索斯总是在不断要求自己，要求自己不变，也要求自己变化，不变的是始终在某一个方向上的信念，而变化的是根据市场变化、客户需求在公司服务细节上的调整。有了贝索斯的前瞻性，才使得亚马逊在市场上屡屡占得先机。

贝索斯的经验总结起来，大致在他身上可发现以下几点特质：

1.敏锐的洞察力

前面已经提到过了，贝索斯要求亚马逊的每一个管理者都必须有把握事物发展规律及趋势的能力。在这个创新比什么都重要的年代里，像亚马逊这样的互联网企业必须了解市场的需求，才能有针对性地提出对策，保证企业碰到任何风险的时候都能临危不乱。将近 20 年的发展，在贝索斯的理念之下，亚马逊的管理团队时时刻刻都在以客户和市场变化的需求为指引，以充分的准备应对每一次的挑战。

2.创新的人才机制

成功的企业背后一定有个可信赖的精英团队在为其服务，尤其是信息爆炸的时代，人才的支撑才会带来巨大的成功。在互联网行业中还有个更重要的现象就是人才的快速流动，如何挽留住高效、优秀的专业人才是企业管理者需要重点考虑的问题。应该说，贝索斯在创建人才机制上有自己的一套做法，不论是给员工分股，还是严格公司制度、营造企业文化等方面都是为了更好地吸引住团队中最为优秀的人才。贝索斯似乎是个很善于构建平台的人，对外，他擅长于建设服务商家和客户的平台，在亚马逊内部，他所建立的一整套完整的员工考核机制：奖励先进，鼓励后进，奖惩分明，不仅仅挽留了众多的优秀人才，还适时举办培训挖掘了员工自身的潜力，帮助员工成长。在亚马逊工作过的员工都知道，尽管贝索斯一再地强调相比员工，他更爱那些看不见的客户，但

不可否认的是，贝索斯对员工的"爱"也很有自己的一套，这种爱就显著地体现在了亚马逊的创新人才机制之上。

3.高效的管理机制

管理者手中有了精良的人才之后，要建设的就是公司的管理机制，它关系到整个公司是否能高效运转，哪怕是危机出现的时候，也可以凭借科学的管理体系来保障公司顺利进行危机公关。亚马逊如今已经发展成为一个规模庞大的跨国公司，因此在管理层面，贝索斯通过成熟高效的管理机制，保证了公司内部上令下达，健全的体制可以保证每一项贝索斯提出的发展策略可以通达公司的每个角落。其实不论是发展初期还是现在，贝索斯都希望通过这一套行之有效的办法来凝聚整个亚马逊，让身处不同国家、不同职位、不同部门的员工都可以感受到浓厚的亚马逊文化，了解管理层的未来策略，真正感受到自己是亚马逊的主人。贝索斯无疑是睿智的，他的做法让一个庞大的亚马逊充分调动了所有员工的才智，也让亚马逊长时间立于不败之地。

4.创新高于一切

贝索斯是个脑袋里常常有怪主意的人，他曾经多次被媒体誉为最有创造力的年轻企业家，所以说，贝索斯是个对创新有很多想法的老板，这也给亚马逊带来了很多创新上的优势。事实上，对于一个完备的企业来说，创新表现在3个方面，首先是管理者自身要培养创新意识，管理者是企业的决策者，他决定企业前进的方向，缺乏创新和自主精神的人是难以给企业带来新鲜气息的。其次，企业自身要具有自主创新意识和自主知识产权。跟风的企业是难以持久的，在互联网界更是如此，贝索斯从创立亚马逊的第一秒开始，一切对于人们来说都是全新的、史无前例的，亚马逊是第一个成功的网络图书经销商，也是第一个推出自主物流派送服务的网络销售商，还是第一个进行云计算研发的公司等，其他产品和服务即便不是第一个创新的人，也是在前人技术不完善的基础上继续革新完善而推出的，从这点上来说，亚马逊是个"创造"的企业而非简单的"制造"。第三，创新还表现在创新人才的培养和团队的建设上。独木难成林，对于像亚马逊这样大规模且涉足众多领域的大型企业来说，单纯有贝索斯一人的创新能力是不足以支撑整个企业的发展的。对于亚马逊来说，每一个环节都需要由不同的团队来完成，每一个细节都十分关键。如果企业里的员工只是长期停留于行业的低端阶段而缺乏专业精良的人员的话，那即便是发展也只不过是最低限度的低俗发展罢了。

5.成熟的学习机制

在信息化时代，每一项信息都时时处于更新状态，企业若是不及时更新商业信息或是市场资讯的话，就容易被时代所淘汰。这样的风险几乎时时都存在，处处都存在，在充满竞争的市场里，每个企业都在面临这样的挑战。亚马逊的发展历程也说明了这个问题，互联网经济在短短的几十年发展过程中有过几次泡沫阶段，很多企业都在那场让人窒息的网络泡沫时期被淹没了，可是亚马逊却始终十分坚挺，这全然依赖贝索斯在亚马逊内部构建了成熟的学习模式。亚马逊的学习模式主要包含两个部分的内容：一方面，贝索斯很重视员工在具体的商业实践中摸索出适合亚马逊发展的管理方法和工作方法，另一方面，对于理论界新思路的吸收，贝索斯也丝毫不敢松懈。两部分结合，亚马逊才可以在不断变化的市场面前表现自如。

比尔·盖茨在创业初期曾经说过："21 世纪商务的发展要不就是电子商务，要不就是毫无商务可言。"从现有的发展来看，比尔的话确实应验了，如今电子商务的发展日新月异，电子商务也是商务发展今后的必然趋势。在这一行业中，亚马逊作为最早开始开发电子商务资源且发展时间最长的一个跨国公司，越来越感到外部环境的挑战，如果没有贝索斯一如既往地坚持学习和创新的话，很难想象亚马逊能在和如此多后起之秀的竞争中屹立不倒。

某位名家在自己的著作中提到这样一段话："21 世纪已经很难找到一个行业可以做到 20 年之上的企业。像是生产电脑的企业，当全世界的人都买了电脑以后，它就可能在 20 年后转行去开银行。"从 1994 年算起，亚马逊也即将走到自己的第 20 个年头，渐渐有人开始担心亚马逊的未来，害怕亚马逊会因为失去创意而从此在业界消失。毕竟在更新换代十分迅速的互联网界，几乎每年都有企业消失，又有新的企业诞生，这仿佛对人们来说已经成为了稀松平常的事情，而贝索斯显然不是这么想的，他的亚马逊王国的步伐还在继续往前迈，亚马逊还在继续带给喜爱它的用户们一次又一次的惊喜，不管是服务还是硬件的提升都给人们提供了更方便、更快捷的服务。贝索斯还通过技术的升级不断提升自己的服务质量，开发新的服务平台，更好地充当商家和买家之间的第三方服务角色，为亚马逊品牌的提升作出了管理者应有的贡献。

应该说，正是贝索斯和他的团队所蕴含的创新力量让所有人对亚马逊刮目相看。从不同的阶段去解读亚马逊，就会发现这是个全新的世界，但同时它又具备一脉相承的精神实质，这便是亚马逊，也是贝索斯始终追求的企业特质。

勇于承担

亚马逊拥有一个庞大的企业管理体系，企业规模越大，就注定了管理者所遭遇的困难和挫折就越多。贝索斯在短短的不到 20 年的时间里几乎遭遇了所有可能出现的问题，但他并不惧怕这些困难，他习惯了"担当"，带领亚马逊走出困境。放在中国的话，贝索斯算得上是一个具有"以天下为己任"使命感和抱负的人士。事实上，贝索斯最为人所称道的就是他的客户服务宗旨和长期发展战略，这两者都是在经历了无数次磨炼之后才最终成型的，只不过在亚马逊创立的初期，这些都是为他人所诟病的做法。

在亚马逊还仅仅是个在线图书零售商的时候，贝索斯就很是响亮地提出了一个颇具宿命论色彩的口号："顾客永远是对的。"很多人听到这样的口号后，都把贝索斯视为一个疯子，认为在一个看不见顾客的网络行业里，把客户放在比自己的员工还重要的位置，这无异于是在作茧自缚。可是贝索斯仍旧很固执地将这个理念带进了互联网行业，这是他的亚马逊在转型之初需要攻克的业界的最大问题之一。贝索斯在解决这个问题上做得比谁都要出色，照他的话说，就是要让收银机响起之前就发现顾客想要什么，这是亚马逊要解决的头等大事，而所有的服务都将围绕这一中心进行，从商品推介到物流送达，顾客的需求就是亚马逊的头等大事。在这条道路上，贝索斯始终坚持自己表现出了其他企业家少

有的使命感和热情，全身心地为客户着想，最终化他人的偏见为自己的竞争优势。如今再也没有人去质疑亚马逊的这个做法了，因为作风朴素的贝索斯用自己的方式证明了这一模式的成功。亚马逊的员工最经常说的一句话就是，贝索斯溺爱的是他的 1.64 亿顾客，而不是 5.6 万的亚马逊员工。

再来说说贝索斯的长期投资战略。贝索斯有一句著名的话就是："将你的战略构筑在恒久不变的事物上。"在每天都在发生着各种变化的互联网行业里，大多数人不愿意做长远的投资，在他们看来，这个行业的变数太大，有的人只不过想在其中捞上一笔就走，像贝索斯这样一再坚持亚马逊要长线投资且不惧怕外界误解的人实在是少之又少。若不是有满腔的热情去挑战一个个未知的困难的人很难做到这一点。曾经的亚马逊在面临互联网全线的商务危机时，连续亏损了很多年，而贝索斯在诸多股票分析师的嘲笑声中也不过只是耸耸肩，继续自己的做法，因为他知道如果自己的新举措有利于公司的长远发展的话，亏损 3 到 5 年对于亚马逊来说并没有什么大碍。

作为公司的管理者，除了要面对外部的质疑以外，内部自身的人事、工作等问题也是摆在他面前很棘手的一些问题。贝索斯似乎对此应对自如，他的策略是以不变应万变，在相当大的工作难度和工作压力之下，贝索斯采取了一系列的措施，更准确地说是牺牲了自己的一部分利益来解决这些难题。在亚马逊，他就仿佛一个大家长，管理着整个公司。贝索斯比任何人都明白，只有让自己的员工感受到公司内部的紧张有序，才可能让亚马逊的客户享受更多便利和快捷的服务。贝索斯的措施当中，有许多是对自己和员工十分苛刻的做法，尤其是对自己，作为一个拥有市值超过百亿的跨国公司的老板来说实在是让外人难以理解。

一、工作与生活时间不自由

贝索斯自从创立亚马逊以后，就把大量的时间投入了亚马逊的各项业务中去，工作时间和生活时间常常不分。在亚马逊这个庞大的系统里，很多人难以理解，几乎一切大小事务都由贝索斯自己来决定，甚至是连客户发来的每一封电邮都要逐一亲自回复，这个习惯从亚马逊创立初期到现在十几年都没有改变过。贝索斯是个细心对待客户的人，却在无形中牺牲了自己的很多时间。10 年前，贝索斯也企图聘请一名首席运营官在自己的手下直接工作，但时间不长就被解职了。之所以如此，不是因为对方做得不好，而是贝索斯自认为聘用一个 CEO 的效果尚不如自己亲自管理来直接。已经执掌了亚马逊近 20 年的贝索斯与其被很多专业人士说成是"机构的囚徒"，不如说他习惯了亚马逊在他生活中的位置。

二、挑战僵化

亚马逊走过了将近 20 年，贝索斯始终是这个庞大的零售商企业的 CEO，今年已经年满 48 岁的贝索斯不免让人开始怀疑他从前的工作模式和管理方法是否还能够给亚马逊注入活力。事实上，综观此前互联网发展进程中出现过的众多企业和众多 CEO，就不难发现人们的这种质疑不无道理。任何一个管理者都会有自己一套惯有的工作要求和既定的管理模式，而这种模式从某种意义上说有利于稳定企业的决策管理，但从另一个角度来说，它也容易导致僵化。尽管贝索斯知道这个道理，但他还是于 10 年前把自己聘请过一位 CEO 辞掉，由他自己继续执掌。

直接更换 CEO 对于贝索斯这种视亚马逊为自己事业生命的创始人

来说，实在太过困难。尽管有人质疑贝索斯长期执掌亚马逊会不利于留住其他希望有朝一日成为掌门人的高管，但贝索斯的很多做法确实也是在挑战僵化。一方面，他很重视他的客户对亚马逊提出的意见和建议，从亚马逊创立的第一天开始，贝索斯就养成了一个习惯，只要是客户发来的邮件，他都亲自一一回复，就连那些表达愤怒的邮件，他也觉得是"非常好"的。这些在他看来热情洋溢的邮件都被他化作了改革上的动力。此外，他手下有一个"吃不掉两个比萨"的小型团队，他们是最能够推动亚马逊内部宏大变革的动力所在。

三、提高工作效率

管理学理论一贯认为管理者的工作效率和部门的工作效率是紧紧联系在一起的，只有得到他人认可的效率才是真正高效的，能力也才是卓越的。贝索斯很明白这个道理，他为亚马逊做的每一件事情几乎都是遵循这个管理学定律进行的。他知道大多数时候影响亚马逊真正效率的往往并不是他的下属职工，因为自己的员工即使再不情愿，他们身为亚马逊的一员也必须为了亚马逊的客户服务，对于在线运营商亚马逊来说，处在平行工作关系中的生产环节或者说是商家，以及商品销售以后的流通环节才是真正制约亚马逊工作效率的关键。贝索斯从亚马逊成立的第一天开始，就很重视这两个领域的建设，贝索斯着力为亚马逊的每一个商家构建了完善的平台，哪怕只是一个很小的商品生产公司，同时也为每一个在亚马逊购物的消费者提供全方面的产品物流服务，这两项几乎可以称作亚马逊的金字招牌。经过十多年的努力，贝索斯可以不再为这两个领域的工作和服务质量而操心了，数字可以说明一切：2011年12月，亚马逊几乎完成了一个不可能完成的任务——在圣诞节前把

99.99%的商品都送到了客户家中。尽管如此，贝索斯仍然一再强调："除非做到 100%，否则我们不会满足。"

四、关注外界

贝索斯曾经说过："亚马逊要成为有史以来最以顾客为念的公司。"同时他还针对自己公司的特点提出亚马逊的 3 个目标，那就是要更便宜、更多选择和出货更迅速，这 3 点中的每一点都是出于一个普通消费者的考虑，而非亚马逊组织内部的问题。实际上，从创业之初到现在，贝索斯都在积极地考虑亚马逊所处的外部环境的变化，诸如最初读者的需求、与出版商的争夺、争取作者的出版权到后来的服务体系的建立和云计算平台产能的转让，都是出于外界资讯变化而考虑上马的项目。因此可以肯定地说，真正影响贝索斯作出决策上的反应的是外界的因素，反过来，管理层的决策也只有被外界认可才是行之有效的策略。毕竟外界才是一个企业产生最终成效的地方，企业内部是不会产生结果的。贝索斯就是这么一个"疯子"，他可以连续亏损好几年，却耗费几个亿去建造自己的仓库，也可以赔本赚吆喝地推广自己的硬件终端"Kindle Fire"，还可以不顾股东的利益一味坚持他的长期投资，等等。这些从亚马逊内部看来十分疯狂的做法却从一个侧面说明了贝索斯重视外界环境的特点。亚马逊创立 18 年来，贝索斯经历了两场可怕的经济危机，却始终用自己的坚持换来了一个"会吃掉全世界的公司"。

贝索斯不止一次地对媒体说过，一个成功的 CEO 不只是简单地掌握外界的发展趋势，而是要学会在这些趋势之下判断会发生什么样的变化，这才是所谓的前瞻性。他正是这么做的，或许有人可以说他不顾眼前，但必须承认他对未来的估量能力的确不容小觑。

如夸父一般追日

年轻人需要有目标，需要有梦想，就好比是夸父追日一般，一个富有朝气的企业也应该如此。"现代管理学之父"彼得·德鲁克指出，一个运行正常且仍然具备发展潜力的企业必须具备两样东西，一样是效率，另一样就是目标。他认为"即使是最为健康的企业，效能最佳的企业，也会由于效率低下而衰败。然而，如果一家企业拥有最高的效率，却运用在完全错误的方向，那它也注定无法生存，更遑论成功。"因此二者是不可偏废、缺一不可的。

亚马逊显然是个目标明确，同时又效率极高的公司。这一切都拜贝索斯这个神人所赐，18 年来，他总在不同阶段给亚马逊寻找不同的现实目标，再把大目标分解成多个小目标交由不同的部分、不同的团队来实现。当然，他不会忽视效率的问题，因为每个目标的实现是需要高效的团队来实现的。在亚马逊还只是一个在线书店的时候，贝索斯给亚马逊所设定的目标是做"出版界的亚马逊"，也就是让人们彻底改变原有的购书习惯，接受新型的消费和阅读模式。为了实现这个目标，在创业起航阶段的贝索斯应该说是费尽了脑子。在亚马逊还没有真正上线零售图书的时候，贝索斯就建设了 3 个工作站，还邀请了 300 名免费试用的顾客来体验自己的网站服务。与此同时，贝索斯手下的团队也迅速投入了网站建设和数据库的建立等工作上，随时根据体验顾客提出的意见来修改亚马逊的网站和相应的程序。3 个月的时间内，亚马逊完成了最初的数据库测验，这速度应该说是惊人的，换句话说，贝索斯只用了 3 个月的时间就为世人揭开了亚马逊神秘的面纱，更让人难以置信的是，贝索斯用更短的时间确立了亚马逊的优势，不论是优于传统书店的价格优势，或者是便捷的送货服务，亚马逊都有很强大的人力和物力的支持。贝索斯的目标在这一刻实现了，而且是高效地实现了，他所依赖的是一个充满活力且目标明确的团队，以及他对工作效率的执着。此后，这个建立在庞大健全的数据库上的亚马逊很快就蜚声国际，此时的贝索斯又开始有了新的想法。

　　贝索斯不愧为是一个优秀的管理者，他很清楚自己前一步做了些什么、下一步又该做什么、自己的上一步对下一步又有什么影响，等等，这都是因为他是个比谁都了解自己的客户的 CEO。在完成对亚马逊第一阶段的定位之后，贝索斯还打算把亚马逊打造成电商界的巨头。仅仅只是销售书籍和音像制品显然难以满足网络世界人们生活的需要，更不能满足贝索斯对客户需求的探索。亚马逊的下一个目标渐渐在贝索斯的心中成型了，那就是把亚马逊变成一个世界最大的网络购物中心。有了明确的目标，贝索斯的头脑就又开始忙碌起来了。从 1998 年起，亚马逊相继成立了多个附属商店，还收购了药店、宠物或是家庭用品的网站来丰富自己的商品资源，2000 年又和网络快运公司合作，提高了亚马逊的送货能力，至此，亚马逊在贝索斯的计划之中一步步向外扩张。截至目前，世界上有 3 万多个零售网站和亚马逊网站相链接，这些网站每售出一件商品，亚马逊就可以从中抽取 15% 的佣金，贝索斯的构想已经让亚马逊从网上书店演变成了一个活力充沛的电子商务之王。

随后，不论是 Kindle 电子阅读器的推出，还是云计算平台的设计，或者是 Kindle Fire 终端的研发，贝索斯都在很短的时间内，在充分考虑了客户体验的基础上完成了一个又一个目标，这些小目标背后的总目标就是追求极致的客户体验，包括高效、快捷、便利、廉价，这都是贝索斯从一个消费者的角度去考虑的，也是亚马逊必须实现的。应该说，拥有一个切实高效的目标管理确实会让企业减少很多盲目性，获得更大的发展空间。试想，如果贝索斯只是停滞在最初创业时的网络书店的设想的话，那么电子商务行业的现状就不是大家现在所看到的这样，或许还有无数的企业家在为此努力，而贝索斯和他的亚马逊也就是其中不算太起眼的一员。有人说贝索斯已经在追求客户体验的道路上走火入魔了，这句话可能略显夸张了，不过贝索斯确实在这个目标的指引下奉献了自己所有的智慧，让亚马逊登上了商界的顶峰。这是管理者正确的管理方式，同时也是目标管理的最基本要求。

在贝索斯的脑海里，关于管理的概念必须是重视目标的，这样才能不受专长、技术和组织的制约，真正做出成效。至少亚马逊的例子已经说明了他这一概念的成功，因为他实实在在地为客户体验而着想。正是如此，贝索斯才把亚马逊的每一项工作和目标联系起来，发现了亚马逊的意义，这也是亚马逊的每一次决策都显得那么卓尔不群、与众不同。

没有最好，只有更好

常常有企业用"没有最好，只有更好"来作为自己的广告语，实则是为了激励自己的企业。一个企业家如果只是安于现状，却不思进取的话，是无法知道自己的企业有多少潜力，也不会知道将来自己有多好的表现。贝索斯是个极度不满足的人，他的亚马逊在外界的很多人看来似乎总是在前进，而始终没有终点。从人的角度来说，贝索斯的一个接一个的目标是对自身价值定位的一次次更高的追求。

就如上文所说的那样，贝索斯对"更好"的追求已经达到了极致，他用一种对现状永远不满足的心态来跟上市场的变化。有人特意总结了这 18 年中间，亚马逊在不同领域所有的举动，就会发现贝索斯的极致追求着实铸就了一个不一样的亚马逊，这样的亚马逊是既不放弃长期目标，却也在长期的过程中不忽视每一个细节、不放弃每一个现实目标的可能。贝索斯在亚马逊内部强调过要实现长期的目标，必须有强有力的保证，这样的话，明天才会优于今天。

贝索斯是个极重视效率的人，他所说的效率是和客户导向联系在一起的。贝索斯要求亚马逊的网站速度一定要快，只有具备高速的网络浏览速度才不会减少客户量。对于互联网企业来说，网速是个至关重要的变量，贝索斯自然不会不知道这个道理。他几乎容不得自己的亚马逊在网速上有一点点的延迟，哪怕那只是微小的 0.1%。在贝索斯看来，亚

马逊网页有一点点延迟都会给客户带来不快乐的体验，所以他几乎用非常苛刻的标准来要求亚马逊的技术部门。

贝索斯的效率还表现在亚马逊总在挑战"浪费"。这里的浪费并不仅仅指公司内部成本的降低，更在于他要为亚马逊所有的客户营造出一个低价的销售平台，让更多的客户通过此平台获得低价却便利的商品和服务。为了做到这一点，贝索斯开始严格控制亚马逊的营销成本，他要求采购部的员工每天都携带砂纸，为的是不蹭坏一些易损坏的商品，他更要求自己的物流公司要做到100%配送准时，否则他就不会感到满意。不浪费的做法让贝索斯感到十分满足，他可以从此最大限度地压低亚马逊的成本，而他心目中最为重要的客户就可以在同等付出的情况下获得更多的体验。

创新不计成本，这是贝索斯令众多市场人士最难以理解的一种做法。但凡企业都追求利润，有谁会对企业创造的利润置若罔闻？却去追求那些看起来有些"虚无缥缈"的目标？可以说，追求好的客户服务并不是唯一一个可以完全解释亚马逊成功秘诀的理由，创新也是其中的很重要的原因。纵然在线下也有像 Target 和 Costco 这样的公司也十分重视自己的客户服务和创新能力，但不管怎样，它们的做法都赶不上可怕的亚马逊，因为亚马逊已经用自己的销售额证明了它才是这一领域的霸主。

对于贝索斯而言，有数据支持的客户导向管理方式让他有足够的勇气去冒险和革新，还很自信地相信自己所走的路是正确的。他以一种独特的企业文化来支持亚马逊的创新。就拿 Kindle Fire 硬件终端的研发作为例子，贝索斯之所以考虑要推出这样一款平价的平板电脑终端，目的是为了让他上亿的客户在最短的时间内可以享受到 Kindle 电子阅读软件给他们带来的图书或是音像制品的便利体验。为此，贝索斯并不像苹果一样，总在考虑自己的外观或是硬件的性能，他只是孤注一掷地要求亚马逊的工程师们尽可能地增强硬件终端的可体验性，却不计成本地压低 Kindle Fire 的成本。推出这样一款硬件终端几乎耗费了亚马逊很多年的时间，并投入了大量的资金去完善其中的硬件部分，为的是让硬件在最低的成本之上完成最为完美的体验。这就是贝索斯，这就是亚马逊的创新设计，他和众多的互联网企业 CEO 不同，他所关注的只是创新的结果，至于成本，不过是为了做得更好而付出的努力罢了。

在面对互联网经济的泡沫时，亚马逊的重新构架也是贝索斯提出的一个提升公司品质的绝妙做法。很多时候，人们看到的亚马逊的优势还是集中在网络销售，特别是书籍销售商。当互联网泡沫来临时，线上销售的很多弊端慢慢呈现，贝索斯明白从前一味地认为线上销售优于线下零售业的观点不全然正确，于是他开始筹划让亚马逊去吸收线下零售商的优势，重新架构亚马逊的销售体系，这一做法直到现在还在延续。

管理学理论中提到，管理者首先要是高瞻远瞩的，有敢想敢做的勇气，其次要积极地挑战风险，这才是一个追求更高、更好的管理者的表现。贝索斯带着亚马逊走过了 18 年，这 18 年来，不断地有老客户在怀念某一个阶段的老亚马逊，也同样有很多人在期待一个新的亚马逊的出现，而这些愿望总会在某个阶段被贝索斯所实现。如果说在这个行业谁可以飞得更高的话，那么非时时要求自己往前的贝索斯莫属。

第九章
坚信自己
——不怕长时间被人误解

　　贝索斯很固执，从亚马逊创立之初到现在，很多理念几乎始终没有变更过，他一直相信自己可以用自己的方式带领亚马逊走向更大的成功，即便周围有很多质疑的声音。可以说，贝索斯是在用自己的信仰来经营亚马逊的。

信仰是盏不灭的明灯

　　每个人都需要有信仰和坚持，缺少信仰的人生道路是黑暗的，容易被外物所诱惑，迷失自己的方向。因此信仰是很多人人生道路上指引方向的一盏明灯。信仰的力量是强大的，它可以确保人们在自己喜欢并擅长做的事情上不偏离正轨、勇往直前。贝索斯是个内心极其强大的人，而他强大力量的来源就是对亚马逊发展的目标的无限追求。无论亚马逊发展到哪一个阶段，贝索斯都没有停止为客户提供低价且快捷的服务。

这是贝索斯给亚马逊树立的目标，他解决了目标的问题后，就不断地要求亚马逊进步，在各个他所要求的方面逐步提升。如果说把亚马逊视为贝索斯所有目标或是信仰的来源的话，这并不奇怪，因为连贝索斯的妻子都曾经说过，在贝索斯的世界里除了自己和孩子以外，只有亚马逊。

贝索斯在很多投资人的眼里是个不折不扣的"疯子"，他的许多投资在外人看来在短期内是没有利润可言的，贝索斯仅仅凭着自己的一腔热情和信仰在规划亚马逊的每一次投资。在亚马逊创立前的融资过程中，他就对所有准备投资他的创业项目的亲朋好友们说过这样的一番话："在我看来有 70% 的可能会赔光你们的钱，如果你们可以承受得起这样的结果的话，那就投资吧，如果不行，那你们最好还是不要加入。"这是怎样的一种准备，为了他的目标，他几乎做好了失败的准备。换个角度来说，贝索斯是在为了自己的信仰而投资。

曾经有人问过贝索斯，在互联网经济泡沫的时间里，是如何劝说自己的投资者给亚马逊投资的。贝索斯的回答很简单，他只是告诉自己的股东，如果一味地只追求互联网这种新兴的行业带来的眼前利益的话，那么亚马逊是做不到的，亚马逊需要它的投资人拥有对亚马逊未来的一种信仰，这种信仰可以支持亚马逊利用他们的资金融资做到更多。互联网行业尚在起步阶段，获得多少利益并不是贝索斯最关注的，他的眼光与其他互联网企业的 CEO 有很大的不同，他在乎的是如何让自己的企业在短时间内获得更多的市场份额，留住更多的客户，因此短期的亏损只不过是亚马逊必经的一个阶段，长期的收益才是最终目的。亚马逊十几年来的增长和扩大都让众多的投资商看到了贝索斯所说的信仰的力量，这也使得他们可以继续满怀热情地为贝索斯的信仰而投资。贝索斯

说过："在互联网世界，品牌的力量大于现实世界。"他的信仰就是让世界上各个角落的人只要一提到在线购物想到的便是亚马逊。

贝索斯为了自己的信仰和信念一直在努力着，这个互联网界的"疯子"已经把亚马逊这个品牌看得比自己的名字还重要。一个公司、一个企业当中，若是管理者可以一马当先地以身作则、信守承诺，那么他对下属也必然有积极的要求，也要求他们可以为了整个公司的信念而奋斗。在这个过程当中，管理者的人格魅力就会因此而加分不少。

从管理学的角度来说，一个企业内部除了管理者要有信仰以外，更重要的一点是组织信仰的产生。所谓的组织信仰说白了就是企业文化，企业在追求自己的利益和利润最大化的过程当中，也要关注企业每个员工的精神需求，如此，企业和个人价值的二元关系才会相对和谐和平衡。组织信仰可以推动员工为企业的进步而奋斗，从而最终实现自己的职业目标和规划。亚马逊在经历了多次转型之后，公司的扩张使得对人才的需求量越来越大，贝索斯对应征的人才的要求也是很独特的，从微软公司的"逃兵"到自由派的艺术家，几乎已经做到了"不拘一格降人才"的地步，这不得不让人怀疑他选择人才的标准究竟是什么。其实贝索斯的要求很简单，归纳起来就是两点，一点是应聘者的受教育程度，另一点就是对企业文化有着很强的认可度。

作为一个从名牌大学毕业的学生，贝索斯对每个员工的受教育程度是很看重的，他甚至要求每个应聘者在应聘时要提供自己的大学成绩。有人对此不屑一顾，认为在竞争如此激烈、变化如此快速的互联网界，又有谁会去那么在乎一个技术员在大学期间读过学术小说呢？可是贝索斯在乎，他认为名校可以培养一个人的创新能力和对企业的忠诚度，他们可以有很好的素质去为一个企业工作，只要他们认同了企业文化，就会把实现自己和实现企业利润二者有机地结合起来。这些高素质的人才不但有自我实现的需求，还有实现企业目标的创新能力，这也是凝结一个企业组织信仰至关重要的一个东西。另外，贝索斯还十分看重员工对企业的坚定信仰。他曾经不止一次地说过，提高员工的忠诚度对形成亚马逊内部团结向上的企业文化很有必要。员工们应真心相信亚马逊在电子商务发展中的地位和使命，这样才能对亚马逊的发展充满信心，才能在公司处境困难的时候不动摇。

　　一些科研机构通过观摩和调查了部分成功的企业之后，发现它们背后都有一个共同的特点，那就是企业内部都有很和谐的企业文化支撑着整个公司的进步，换句话说，就是有一股很强烈的组织信仰的力量凝结着全体员工。和世界上其他行业的著名品牌一样，亚马逊也有专属于它的企业信仰，不管是以哪种形式呈现，贝索斯都把自己对于亚马逊的信仰灌输给所有的员工，甚至是亚马逊的客户，这一切都构成了亚马逊自有的独特的亚马逊品牌文化。只要他们都彼此认同，亚马逊的下一步推进才有稳定的保障。

要有一个独立的头脑

　　人之所以区别于动物就在于人通过进化获得了思考的本能，思考决定了人们的行为，甚至决定了命运。人人都会思考，但能独立思考、自主思考的人就比较少了。

　　拥有一个未经雕饰的、纯净的独立思考的头脑并不容易，这个世界有太多的人因为受到现实的制约，他们的想法总是千篇一律，总是带有很多现实色彩，毕竟生活在这个社会里很难不受各种信息的干扰和影响。大多数人从大众媒体上所获得的信息只不过是对一些常识的习惯性反应罢了。独立思考因此才让人感觉到可贵和难得。

　　贝索斯从来不相信天赋，他相信每个人都有与生俱来的天赋，但在漫长的人生道路上思考如何应用自己的能力去作出合理且惊人的选择更为重要。他强调的选择，其选择的意义在他看来会是人生回忆的资本，无论过去多少年，被各种有价值的选择回忆所填满的人生是最为充实的人生，贝索斯于2010年在给普林斯顿大学的学生作讲演时提道："选择塑造了我们的人生，就大胆为自己塑造一个伟大的人生故事吧。"选择是需要独立作出决定的，也是进步和创新所必需的能力。在亚马逊工作过的员工都知道贝索斯很喜欢创意，他用他的创意征服了所有的他手下的经理人，但同时他也强调在自己手下工作的员工也要有独立思考的能力，并且还指出，可以不用太在意身边的其他人的眼光，只要为了自己认为是正确的、有希望的观点继续实验下去，或许有时候，这些观点会被证明是失败的，提出这些观点的过程却会有惊人的发现。

摩托罗拉的股东对"独立思考"提出类似的观点，他曾经对马上要走上社会的大学毕业生说："从大学到社会的转变过程中，你们可能会成为两类人中的其中一类，那就是独立思考的人，我想这个世界和我们的公司都在为此而等待。"亚马逊也很是欢迎这样的人才，贝索斯尤其喜爱这类人，这类人有逆潮流、逆传统而动的举动。在面试应聘者的时候，贝索斯最经常说的话就是："如果你有了想法，那就去拍桌子吧，不用担心，这是公司所需要的。"

作为当今世界上最大的在线零售行业巨头的 CEO，贝索斯此前从未从事过任何和零售行业有关的工作，他从未在哪个传统零售商公司工作过，总之一句话，在创办亚马逊之前，他就从未从过商，没卖过任何一件东西。可以说，他在零售界几乎毫无经验可言。没有经验并不阻拦他用自己的智慧构建电子商业帝国的决心和能力。贝索斯本身就是个理性的量化分析师和感性的梦想家的结合体，他一手创办的亚马逊正是他本人的化身。没有任何销售经验的贝索斯在经营亚马逊时并没有受制于传统零售业的经营模式，他依靠的是大量的数据分析，似乎从一开始他就是个热衷于数据分析的人——来经营他的亚马逊。这是以往零售行业难以想象的一种经营模式，贝索斯就是逆传统而行。对于一个用数据分析建立起来的网络零售大鳄，这样的案例太难以想象，可是计算机专业毕业的贝索斯就实现了这个惊人的奇迹，他通过每一次客户的反馈数据来发现亚马逊存在的不足和问题，再通过技术层面来尽可能实现，反复多次后，客户反馈数据就是亚马逊最值钱的资本。

除了要求自己以外，贝索斯对亚马逊的员工也是同样的要求，作为一个"非专业"的零售商老板，手下的员工所采用的工作方式也一定是"出人意料"的。对自己的员工，贝索斯针对独立思考提出了众多要求，归纳起来有以下几点。

1.让自己和习惯性的思维充分隔离，防止因循守旧。贝索斯不希望自己的亚马逊还按照从前的传统零售商的方式来经营，他眼里只有客户，他需要客户的反馈意见，而传统的那种只为企业或是老板工作的员工并不受他的喜欢。

2.时时让自己站在传统的对立面上。贝索斯要求员工抛弃惯有的思维，站在亚马逊策略的角度上考虑下一步工作。要做到这一点并不容易，很多从其他公司辞职后到亚马逊工作的员工并不适应这种做法，但在令人敬畏的贝索斯手下工作，他们也不得不放弃习惯性思维，重新建造自己的思维轨道。

3.培养旁观者的眼光。人们会习惯站在自我的角度上去看到和自己有关的事情，因此贝索斯总是提醒员工可以从另一个角度去发现事实的真相，在亚马逊的工作中或许不止有一种解决方案。

4.随机地去经历一些事情。跳出自己习惯生活的圈子，会提高自身的独立思考能力。

5.学会质疑。独立思考的前提就是跳出传统的窠臼，质疑无疑是最好的方法。

挣脱自我

充分了解自我的目的是为了挣脱自我、挑战自我。人生道路很是崎岖，总会在不断地挑战中向上攀登，才会有更加精彩的人生。

很多人眼里的贝索斯总是一个胸有成竹的 CEO，好像不论什么都在他的掌握之中，其实对于贝索斯来说，亚马逊每走一步都是对自己的一次挑战。亚马逊一开始作为网络书店出现在人们面前的时候，迎接的最大的挑战就是传统书店的挑战。20 世纪 90 年代，在美国本土最为火热的传统书店巨头是巴诺书店，尚在起步阶段的亚马逊不得不面对巴诺给它带来的冲击，这是贝索斯想避都避不开的，巴诺是不会允许这么一个凭空诞生且虚无缥缈的对手存在的，并抢走它原有的市场，这注定是一场传统和现代的争夺。

无限压低成本是贝索斯在这场与巴诺的竞争中给自己设定的第一个目标。相比巴诺，亚马逊能做的就是给万千读者提供比传统书店更为丰富的图书资源，提供更低廉的价格，让读者能够有更便利的体验。于是，贝索斯在和巴诺的对抗中有了挑战自己，也是挑战亚马逊的一整套营销策略。

首先，亚马逊必须是最平价的书店。熟悉亚马逊的客户一定知道，亚马逊几乎天天都在打折，几乎可以称为是世界上最大的折扣商。它每天都有将近 30 万种的书目在做优惠活动。可以想象，即使是因为网络

书店少了中间商的利润抽成，贝索斯也是把亚马逊的利润压到了最低点，价格是个很大的招揽顾客的优势，贝索斯把这个优势发挥到了极致，他为所有的读者提供了一个平实价格图书的购买之处。

其次，亚马逊的图书仓库无人能及。仅凭价格优势要打垮巴诺是不够的，与此同时，其他很多在线网站也在打价格牌，可是为什么亚马逊还可以在其中占得先机呢？贝索斯很清醒地知道，价格对读者来说只是一个门槛，读者最看重的还是书店所拥有的书目总量。如果可以购买到又便宜又丰富的图书的话，读者一定会很青睐这家书店的。亚马逊就是这么一个地方，它不但有低廉的价格，还有比其他书店多上几倍，甚至是几十倍的图书资源，读者自然会喜欢，即使是存在一点点的差价，读者也不愿意周旋在好几个书店中去浪费时间，只会选择亚马逊。

第三，贝索斯是个很追求速度的人。在创办亚马逊之前，他自己作为一个读者感觉到，传统书店的书目更新速度和其他在线零售商的送货速度都是读者最不满意的地方。因此创办了亚马逊之后，他最为强调的就是公司的速度。亚马逊的销售都依靠网络进行，如果没有快速的网络反应速度是很难挽留住读者的。贝索斯为此多次测试了亚马逊的数据库反应速度。在亚马逊后台强大的技术支持之下，读者一般可以在 3 秒之内获得自己想要的搜索结果，这是个在当时看来很惊人的速度。另外，贝索斯所强调的速度还体现在书目的更新上。亚马逊几乎没有库存量，据统计，亚马逊每年的库存更新次数多达 150 次，这个数字几乎是传统的巴诺书店的 50 倍左右，这也从另一个侧面说明亚马逊图书销量之惊人。

贝索斯称得上是互联网界货真价实的革新者，他通过挑战自我给互联网界带来了全新的经营理念。应该说，就因为贝索斯太了解他自己，也太了解亚马逊，他知道相比于传统行业，亚马逊的优势和劣势分别是什么，他才敢通过自我挑战来完善自我。从亚马逊的发展轨迹上看，亚马逊挑战自我主要表现在以下 3 个方面。

1.挑战自我优势

人人都有自己的优势，都有在某个领域表现出特有的天赋，这种优势常常会给人们的心理带来自信，激发向上攀登和挑战的勇气。说到这儿，有人就会感觉奇怪，贝索斯为什么要挑战自己的优势呢？举个例子来说或许就明白了。

贝索斯极爱说到的一个例子就是著名的音乐家贝多芬的例子。这个在音乐上拥有极高造诣的音乐家却在 26 岁的时候失去了听觉。作为一个年轻的音乐家，这无疑是个致命的打击，失聪莫过于终结了音乐家的艺术生命。可是，后人会惊讶地发现大多数贝多芬的传世名曲都是在贝多芬失聪后的岁月里创作的，贝多芬凭着自己对音乐的理解和热爱，在经历了漫长的痛苦的时光之后，挑战了自己的优势，在逆境中发掘了自己的潜力，成就了更伟大的自己。

所谓挑战优势，是让自己保持一种谦逊的、自谦的态度来审视自己的优势，而不总是沉醉于优势当中自满，这样才能更好地认识自己，从而找到提升自己的空间。电商界的贝索斯已经是众人羡慕的对象，因为他拥有着其他人难以企及的最大的零售商公司亚马逊，但他仍旧为人低调，常常自我反省，这么做正好应了古人常说的那句话："居安思危。"贝索斯说过，向自己的优势发起挑战是为了要求自己在主客观条件变得恶劣的时候能够始终保持自己的优势。

2.挑战自己的弱势

其实说到挑战自我，相信大多数的人第一个想到的还是挑战自己的弱势，因为"木桶效应"。就算是之前提到的挑战优势也是为了更好地克服自己身上的不利因素，让各个方面的能力协调发展，形成更高的综合能力。

贝索斯是个擅长用自己的长处去弥补短板的人，例如，在线零售商在即时送货方面逊于传统书店，贝索斯就要求亚马逊的物流配送系统必须100%及时送达。再有，在线销售的实时商品体验性总不如线下零售商，贝索斯就要求在亚马逊的网页上增加用户使用体验，无论好坏，贝索斯都不允许公司后台随意删减这些评论，这一做法纯粹是为了让后来的客户更好地了解商品的性能。

古希腊曾经有一名著名的演说家德摩斯梯尼，他是个先天的口吃患者，尽管他饱读诗书，但始终不能很好地表达。他并不因此而感到气馁，而是花了很长的时间一点点练习，终于成了一名知名的演说家。假设德摩斯梯尼缺少向自己的弱点挑战的精神，那他还可能成为演说家吗？所以要实现自己的目标，挑战自己的弱点是很必要的一件事情。贝索斯就说过，弥补先天的缺陷，将弱势变为优势，才能塑造一个更完美的亚马逊。

3.向他人挑战

自怨自艾的人看到他人的成功总是感到无比痛苦，而自信的人则会认为他人的成功是自己的一个新的出发点，是非常有力的鞭策和鼓舞。在竞争十分激烈的互联网行业，似乎市场上每天都有人以不同的方式取得自己的成功，而亚马逊始终对这些成功保持淡然，结果它反而是这个行业里持续时间最长的一个公司。贝索斯没有秘诀，只是很清楚地知道亚马逊的优点和缺点，也看到了他人成功的原因，在适当的时间里找出差距，努力让自己的发展更为全面、更为完善。总之一句话，对于他人的赶超，亚马逊并不害怕，相反，在对比中，亚马逊有了他人没有的动力，在别人的超越中刷新了自己的成绩。

向传统宣战

1589 年，25 岁的伽利略在著名的比萨斜塔上做了一个后来惊动世界的实验。他在塔上分别将一个重 100 磅和另一个仅有 1 磅重的铁球同时抛下，众人惊讶地发现两个具有极大差异的铁球居然同时落地。此前几百年里，人们相信的都是伟大的亚里士多德提出的那个理论，但凡重物从高处落下时，速度是和物体重量成正比的，重的物体落得快，轻的物体落得慢。

尽管人们对亚里士多德理论深信不疑，但伽利略是个例外，他通过自己的多次实验和反复思考发现亚里士多德的理论有一定的道理，不过在逻辑上并不是完全正确的，它存在很大的逻辑错误。上文提到的比萨斜塔实验就是伽利略为了在众人面前证明亚里士多德理论神话的破灭而实施的。

著名的创新思维之父爱德华·德博诺说过："一旦某东西已经形成，并成为自然，那么它就不再那么有价值了。"世上没有什么事情是绝对

的，挑战权威、挑战传统、挑战"神话"不过是在向那些曾经看似绝对正确的相对固化的理论发出挑战。总是在原有的"神话"阴影的笼罩下，人容易缺乏前进的动力和勇气，也难以做到质的飞越。普通人尚且如此，对创新意识有极高要求的企业家更是这样。一个时时具备向传统发出挑战的管理者才是具有创新能力和勇气的管理者，才可能赋予自己的企业挑战的气质和竞争力，才能把企业带上一个新的高度。

相信现在没有人还会去怀疑贝索斯的战略和做法了，尽管那些在很多年前都被大多数人视为是异类，可如今的成功已经说明了贝索斯的执着挑战并不是错误的决定。亚马逊经历了十几年的发展，人们似乎已经很难对其进行纯粹的归类，或许一开始，贝索斯的构想只不过是创办一个网络书店，可是这十几年来，亚马逊的一步步扩张，贝索斯始终在和传统的经营理论和理念"对抗"中前行。有人说亚马逊是个在线零售商，因为对于很多不了解亚马逊发展历程的年轻人来说，亚马逊3个字就是整个在线零售行业的代名词，人们提到上网购物，就会自然而然地联想到亚马逊。也有人说，亚马逊是互联网行业的精英，这一点也不奇怪，贝索斯的技术团队实现了各种信息的流通服务，还研发出了众多的技术硬件，其中的Kindle电子阅读器就是一个很成功的例子。还有人说，亚马逊就是一个不折不扣的品牌，它不论是在延续时间最长的图书销售界，还是后来的终端电子产品的开发，都深深地烙印上了亚马逊的名字。

事实上，要按传统意义的分类对亚马逊进行属性的归纳的确十分困难，因为亚马逊每一次都在和传统理论相悖而行，因此人们再用传统的理论去衡量它的话，是难以准确判定的。贝索斯凭借自己的理念，从一开始就和传统的零售行业理论背道而驰，他强调重视自己的客户体验，开启了在线零售业的全新营销模式——客户至上模式。传统零售业客户的自主权并不是很充足，可以想象在大型超市当中，顾客只能在一定有限的范围内自主选择商品，但在亚马逊，这一切的束缚都会被打破。贝索斯总是在客户不断地反馈中扩大亚马逊的经营范围和产品种类，并增加相关网站的链接，提供更多的可能性。而且，贝索斯从亚马逊的起步阶段开始就极为重视网站网页的设计，不但要求尽可能美观，给消费者提供视觉上和心理上的舒适感，还要求把产品的评论无论好坏都放置在页面的显眼位置，供消费者遴选参考。贝索斯几乎把能为客户做的事情都办到了，不再是单纯地追求低成本、高销售，更多的是让销售更有质量、让服务更加充分、让客户可以在亚马逊真正体验到购物的乐趣，让亚马逊走进世界各地人们的家中。

关于互联网企业的经营策略，大多数的企业都希望通过绚烂醒目的技术来赢得市场，这一理念也确实在影响着不少年轻的创业者。互联网经济本身是依靠互联网的发展而发展的，技术自然是其中很重要的部分。这也使得当下大多数互联网企业都把重心放在如何研发最新科技产品这一问题上。贝索斯并不为其所动，他还是依旧爱着他的客户，一切和技术有关的开发都要围绕亚马逊的客户需求而进行。可以说，亚马逊的技术研发可以说是水到渠成，之所以这么说，是因为每一次亚马逊的新项目上马，最根本的原因是在互联网发展的基础上，客户有了新的需求，因此亚马逊在很多领域都不是第一个吃螃蟹的人，但第一个获得成功的却是它，比如 Kindle 电子阅览器的推出。贝索斯的这一理念应该说是一个很彻底的反证，就好像伽利略在比萨斜塔上扔下的那两个重量

各异的球一样，人们看得是目瞪口呆，却也不得不佩服。尽管贝索斯自己是计算机专业出身，可是他并不关心自己的软件或是硬件能有多厉害的技术参数，他只考虑亚马逊的产品能否满足大多数人的需求，平价、简单的操作、至上的服务以及超低的成本，这些都是贝索斯追求的。最近几年，总有人愿意把亚马逊视为苹果的对手，贝索斯却始终不愿意接受这样的比较，因为在他看来，苹果是一个技术尖端的创新型公司，而亚马逊是一个为客户而生的服务型公司，两者完全不是在一个平台上嘛！

至于品牌，很多在亚马逊工作过的人都知道，贝索斯是一个很吝啬广告投入的老板。从传统意义上说，一个公司的品牌确立很重要的一点是广告的投放量，用广而告之的方式来让更多的人认识自己，有的时候甚至有公司通过大量的广告来强迫消费者记忆。贝索斯的大量资金并没有应用在广告上，而是投入在更多的实验性项目，其目的仍旧是为了更好地服务客户。有人说贝索斯这么做是在铤而走险，但他坚信真心实意地为客户服务，换来的是口碑，而这种口碑远比其他的广告效果管用得多，这便是亚马逊品牌树立起来的奇特方式。

一家企业能够在激烈的竞争中立于不败之地，靠的是管理者的经营理念，亚马逊和贝索斯的关系就是如此。如果到现在为止还有人认为亚马逊走的是怪路，那就不对了，因为贝索斯已经用自己的亲身经验改写了管理学和经济学上的很多"神话"。

两耳不闻窗外事

认准的事情就一直往前走，绝不回头，贝索斯就是这么固执，无论身边的环境如何变化，他都不会丢掉自己的才能和优势，忘记亚马逊真正要走的路。这种固执并不是坏事，世界潜能激励大师安东尼·罗宾曾经提出过这么一个观点："人类生来就是要成就一番事业的，每个人的生命中都有一颗成就伟大事业的种子。"根据这个论断，贝索斯似乎天生是要造就亚马逊奇迹的。

存在即合理。每个人存在于这个世界上都有着自身的价值，都有能力创造一番属于自己的力量，至于从事什么样的事业是由自身的个性决定的。只要懂得自己的优势，循着一条正确的道路认真做事，用心做事，就不怕做不好事情。一个企业也是如此，管理者根据企业自身的优势制定的发展策略若是可以得到合理的执行和坚持的话，那么企业走向成功不过是时间问题。

只不过，人生活在这个世界上，是无法摆脱他的社会性的，换言之，人本身是单一的，但他生活的环境却是一张交错复杂的关系网，外部的环境对人的影响有时候是很巨大的，甚至是决定性的，众多例子说明，很多人的一生都受到外部环境的束缚，真正能做到"走自己的路，让别人说去吧"的人少之又少。

企业也同样处在一个很复杂的外部环境当中，这是必然的。首先，

作为企业的管理者必须是交际广泛的，企业的发展需要同相同领域和不同领域的人打交道，才能推动企业的发展。就拿亚马逊为例，作为一个大型的跨国型企业，即便它所涉及的领域已经十分广，如果被孤立，它也很难获得发展，仍然需要合作来争取更强悍的竞争力。而贝索斯在这其中所扮演的角色更像是个精明的"外交家"，具有超强的外交能力。

说到外交家，总结贝索斯身上的特质，从不同交往的对象上可以看出他的"外交"特点。

1.对投资者，他总能用足够的理由说服对方在亚马逊投资。关于这一点，上文已经提到过，亚马逊的组织信仰让很多投资者都愿意相信贝索斯可以用自己的资金创造更客观的奇迹。

2.对于顾客，贝索斯是用自己真诚的服务来换取他们的信任和依靠。亚马逊成功的秘诀解释起来似乎并不困难，谁都没有像贝索斯那样热爱他的这些"上帝"。

3.对于自己的员工，贝索斯的做法一贯都是培养"主人翁"的意识。贝索斯无论对员工做什么，都是希望每一个员工感受到自己是亚马逊的主人。

4.对于和其他企业之间的关系，竞争对手或是合作伙伴，所有的企业在贝索斯的眼里，它们的性质似乎并没有太大的不同，他执着于自己的梦想和理念，而其他企业所具备的优势也是他可以借鉴的所在。

企业管理者必须处在如此错综复杂的一个外部环境中，这也决定了外部环境对企业内部的影响。说到企业与外部环境的另一个关系是，在广泛的交际面前，企业的管理者要协调好各方的关系，避免让消极的事物影响自己的思路，乃至影响企业的发展。亚马逊所要面对的各种关系极其复杂，贝索斯作为亚马逊的管理者要避开这些关系不太容易。看看贝索斯的做法，就会明白什么是"外交家"的淡定。中国古人有一句很经典的话是用来形容那些一心一意认真读书的君子的："两耳不闻窗外事，一心只读圣贤书。"读书若总是三心二意，那么书是读不下去的。贝索斯不是中国的读书人，一定是不懂这句话的，只不过他在经营亚马逊的过程中却无意中也在践行着这其中的道理。

对于外界的议论，甚至是非议，贝索斯始终都不为所动。从贝索斯放弃了自己在华尔街的优厚待遇开始创业的那天起，他就对自己的企业要走什么样的路、要坚持什么样的经营理念、可能会出现的结果看得十分清晰，这有赖于其精密的数据分析，他知道了解客户的需求可以给亚马逊带来多大的优势和多少的劣势。因此，就在外界都纷纷表达对亚马逊不理解的时候，贝索斯还在坚守着自己的"疯狂"。

贝索斯知道，周围的环境是客观存在的，他是无法改变的。与其去关注他人对亚马逊说了什么，被环境或是舆论左右自己的策略，还不如多给自己一点儿时间去听听客户对亚马逊还有什么更多的要求，为亚马逊寻求下一步实现更大突破和发展空间；与其去抱怨他人的指责和批评是不对的，还不如坚持己见，为亚马逊未来的发展多做些思考。

其实，外部环境也不全都是制约自己发展的障碍，要让自己脱离外部环境的影响，并不是说与环境为敌，而是思考如何更好地和谐自身和外部环境之间的关系，来实现双赢。既然说贝索斯是个"外交家"，就说明他在处理亚马逊和外界关系时很有自己的一套方法，他会巧妙地利用周围外部环境的优势，经过自己的一番努力之后，达到一个与之共赢的局面，无论是和投资商、和客户还是和员工，还有媒体，以及从前那

些并不信任亚马逊的人，到最后都会为贝索斯鼓掌叫好，贝索斯并没有做什么谄媚的举动，而是真心用事实来替自己说话，这对亚马逊来说显然是个很好的结果。

第十章
客户至上
——永远执着于客户体验

客户永远都是亚马逊的上帝，这是贝索斯心中最为执着的一个原则，也是亚马逊公司上上下下所有员工的全部理念。毫不夸张地说，贝索斯已经把客户服务融入了亚马逊的企业文化当中，这几乎已经是亚马逊企业最卓越的一项业务了。

以服务提升布局

对于客户至上的亚马逊，贝索斯最为关注的就是公司服务体系的建立和完善。无论当下的亚马逊被定位成什么样的公司，贝索斯都不会忘记自己的公司要始终执着于客户需求和客户体验。曾经有股东在亚马逊的年度股东大会上问贝索斯该如何定位亚马逊，当问及亚马逊究竟是一家科技技术公司还是以技术为基础的电子商务公司时，贝索斯的回答是什么样的定位他都可以接受，但有一点是不变的，不论是哪一类型的公

司，亚马逊的重点都是客户的需求。

近几年来，亚马逊的业务范围在不断拓展，生产的产品范围和投资力度在不断加大，在市场上的竞争对手也随之增加，但贝索斯依旧坚持他的客户至上理念。即使是在成为了炙手可热的云计算领域的领头羊之后，亚马逊的主要业务依旧和客户服务有关，集中在亚马逊网络服务、亚马逊物流和 Kindle 出版业务这三大板块上，不难发现，这三大业务无一不与客户有关。

首先来看看亚马逊最卓越的网络服务体系，简称 AWS。目前，AWS 已有 30 种不同的服务项目，不同的项目为不同的企业和个人用户提供便捷的服务。其中的 S3 存储服务以其每日新增 10 亿个速度以及超过 9000 亿个数据载体总量为企业用户和个人用户提供服务。要知道，每秒钟亚马逊的 S3 所处理的交易量超过了 50 万次，高峰期交易量甚至接近 100 万次。如此高速的存储服务平台毫无疑问是亚马逊便利服务的关键所在。

亚马逊中国副总裁方淦在接受媒体采访时曾提到亚马逊的服务平台是由强大的 IT 系统支撑的，不管是动态仓储库存还是千人千面的顾客营销，每一个项目营销的背后都投入了大数据的支撑，才保证亚马逊在营销中的每一环节都能运行顺畅，如此强大的服务能力也足以保证亚马逊在很长一段时间内保证其在电子商务界领头羊的地位。

再来说说亚马逊的物流。对于电子商务行业的公司来说，物流是至关重要的，也可以说是决定电子商务客户满意与否的关键。贝索斯这样一个把客户的满意度视作亚马逊成功与否标准的老板不可能不了解这一点，作为在线零售行业巨头的亚马逊为客户提供了便利的自助式服务，买家可以根据需求自主选择商品，与此同时，卖家也同样可以在亚马逊的平台上对商品的库存管理控制进行一些简单的操作。因此，亚马逊的物流服务——FBA 的服务对象是双向的，不但服务了传统意义上的买家客户，还服务了卖家，卖家可以通过 FBA 享受到亚马逊的 Prime 服务、Super Saver Shipping 送货服务，以及退货流程和客户服务，等等。应该说，亚马逊物流体系的考虑是极为周到的。

亚马逊发展至今，每一项服务项目的成功推出都和贝索斯的理念有莫大的关联。亚马逊的服务体系从最初的简单单一发展到目前如此庞大的服务体系，一切都是贝索斯多年来在服务至上的宗旨之下酝酿出来，再经过他的精良团队的建设得以最终谋局成篇的。即便是无心插柳而成就的云计算业务，也不是和贝索斯完善亚马逊服务体系一点儿关系都没有，事实上，亚马逊开发云计算业务正是为了解决其公司内部业务的存储问题，只是没有预料到结果开创了一个新的互联网业务，把亚马逊推向了云计算业务的领头羊地位。

这就是贝索斯和他的亚马逊孜孜以求的东西——追求至上的服务。对于这个目标，贝索斯这么多年从未放弃过，贝索斯踏踏实实地以一个读者的身份体验去缔造他那完美的服务帝国。贝索斯曾对媒体表示过，自己之所以持之以恒地追求服务的提升，是因为在这个面临增长高速和开发团队却相对较小的环境时，只有用户的充分信任才能保证一个公司的持续发展。所以，当贝索斯认定了这个理念之后，他和他的团队表现出了足够的耐心，从最初的网络书店到销售各种音像制品，再转型成为网络零售商，如今的亚马逊的物流仓库已经堆满了各种服饰、日用品等任何普通人生活中都可以用到的东西，但它的服务体系也一如既往地方

便快捷。

贝索斯似乎就是这样的一个人，或许他不是互联网界最引领潮流的人，但他一定是最有耐心、做事最能持久的人，这样的人也不会被业界所忽视。曾经在贝索斯身边工作过，现在是中国网络超市1号店创始人的于刚就表示过，贝索斯不是一个钟情于时尚的人，他总是喜欢持续坚持做他自己认定了的事情。

贝索斯的坚持并不是毫无成效的，从亚马逊这么多年的整体收益上看，服务业务所贡献的比例达到了30%，就纯利润来说，服务业务的贡献比例就更高了，甚至达到了70%。亚马逊因为高效便捷的服务而获得如此高的收益，贝索斯感慨良多，他认为自己所坚持的服务至上原则让亚马逊彻彻底底地转型为一个以服务用户为主的企业，这一转型是个"很有意思的里程碑"。这算得上是贝索斯对亚马逊所作的最大贡献，亚马逊因为这一次战略转型，真正从互联网经济中淘到真金白银。

用户总是对的

在零售业，马歇尔·菲尔德有句名言——顾客总是对的，这句话流传了将近一个世纪，激励了许多投身零售业的企业家，也包括贝索斯，这个操纵着当今世界上最大的网络零售公司的掌门人，一直都以这句话作为自己经营亚马逊的座右铭。所以在互联网营销时代，贝索斯就是践行这一口号的企业界榜样，关于这一点，应该不会有人有异议。

贝索斯曾经将亚马逊直接定位为顾客公司，"我们为每一位用户，无论企业还是个人提供最为简捷的服务方式，让他们可以在亚马逊体验到最好的服务。"在贝索斯眼里，一家能够持久地为用户带去好的用户体验的公司才是完美的服务公司。因此，大到项目开发推广，小到产品策划，贝索斯每每都要先弄清楚用户的需求是什么，再进行逆向操作，这和大多数互联网企业的工作思路完全相反，贝索斯先考虑的不是技术层面，而是用户层面，他所作的每一次决定都必须为用户着想。

之前提到过每一年贝索斯的致股东信都会多多少少体现出他的经营理念，现在就来看看 2008 年贝索斯又在致股东信中写了些什么。这一年，贝索斯提出了"逆向工作法"（Working backwards）。所谓"逆向工作法"个就是贝索斯所说的从客户出发的营销战略的进一步深化，贝索斯希望通过这方法来全面了解客户的需求，耐心探索，直至找到解决方案。之所以称为"逆向"，只是因为它跟一般公司所采用的"技能导向法"（Skills Forwards）做法背道而驰。贝索斯并不认同这样的做法，尽管很多时候，"技能导向法"也是屡试不爽的商业模式，但长久沉浸于此，公司会失去创新的动力，只在自我的技术圈子里来回打转。

"逆向工作法"所带来的利益不是短期的，而是经过长期的准备和摸索后获得长足的胜利，这一点和贝索斯着眼长远利益的理念异曲同工。Kindle 在市场上的成功就是"逆向工作法"最典型的案例。实际上早在 2004 年，亚马逊的工程师就有了这样一个想法——在最短的时间内，甚至是 60 秒内为用户提供一本出版过的书籍的下载和体验。那时，他们了解到用户需要的是一个终端设备，以及该设备终端所提供的与服

务紧密关联的用户体验。

随后，亚马逊投入了大量的时间、人力和技术去根据客户需求研发自己的电子终端。这是个亚马逊从未涉足的领域，毕竟硬件不是亚马逊所擅长的，但为了开发 Kindle，贝索斯并不因为这些困难而放弃。从设计到生产，包括前期与后期的资金准备，他从未显示出一点点动摇。贝索斯在亚马逊的终端开发项目上确实如外界的评论一样，他是那种"一旦有了决定，就决不会因为技术的局限就改变最初设想的人"。经过数年的研发后，Kindle 一经推出，市场反应良好。Kindle 上市后，上千万份反馈邮件调查数据显示，26%的使用者对这款产品的评价是"喜爱"，这再次证明了贝索斯的眼光，也再一次证明了亚马逊在客户服务上的一贯优势。

Kindle 和 Kindle Fire 对贝索斯来说，只不过是他为了打造亚马逊生态系统的工具罢了，他需要借助这些硬件终端为用户提供书籍、影视和音像内容，营造一个完整的能够给用户提供快捷体验的环境，以及真正为客户的体验所着想的服务平台。因此，贝索斯并不把 Kindle 和 Kindle Fire 视为赢利的手段，亚马逊的这类产品与苹果的系列产品的最大区别就在于低廉的价格、普通的性能，却提供了庞大的、无以伦比的系统服务。

为此，贝索斯还特意给亚马逊的各位股东写了一封名为《发明的力量》（The Power of Invention）的信，细致地解释了 Kindle 和 Kindle Fire 对于出版业务来说意味着多大的变化，同时又可以给用户带来多大的好处。他在信中提道："Kindle 作为一个创新型的平台，它不仅仅是个平台，还可以为出版商、作者和读者，甚至是企业带来多赢的局面，它所创造的价值是无可估量的。"贝索斯用自己的"实用主义梦想家"的气质再一次征服了股东，征服了市场。

站在客户的立场上行动

但凡想要借助营销策略获得成功的企业家必须牢记最基本的一点：站在客户的立场去行动。只有做到了这一点，才能保证和客户维持相对稳固的关系，获得持续成功的营销。

亚马逊发展到不同的阶段，贝索斯总会适时调整自己的营销策略，但万变不离其宗的是亚马逊可以始终站在客户的立场上为客户考虑、建议，从客户的立场出发来满足客户的需求。贝索斯深谙这一点，无论销售什么样的产品、用什么样的服务方式进行服务，最终的目的都是为了提供让客户满意的商品和体验，客户满意了，生意自然而然也就成交了。

对于零售行业来说，很多企业常常会用大减价的方式来进行促销。这种方式可以在短时间内扩大市场，满足一部分爱贪小便宜的顾客的心理需求。不过，用减价的方式来招揽顾客不是长久之计，甚至可以说是一种不正常的商业营销手段。买卖之间，必须是以双方满意为前提，并以双方互相受益的方式进行，否则任何一方处于让利的劣势，这种买卖都很难持久。亚马逊所着眼的并不是通过大规模的让利方式来推销自己的产品，即使贝索斯给 Kindle 等终端产品的定位是低价位，也尽可能地

压缩亚马逊在物流和产品服务等方面的费用和成本，但这些都是基于为客户服务的角度考虑所执行的举措。客户需要的是低成本的物流为他们的在线购物提供更大的便利，低价位的电子终端能够在更大范围内满足消费者在线资源的体验需求。这些不是舍本逐末的做法，与所谓的大减价有着本质的区别，贝索斯正是站在了客户的立场上为客户设想，尽可能用合适的成本为客户提供贴心的产品和服务。而一味地削低企业成本来提高市场份额的做法，长此以往只能是丢失市场，无法在市场上立足。

亚马逊从创立至今将近 20 年的历史说明了，以客户为立场的做法是可以保证一个公司长久在业界立足的根本，贝索斯用他的执着为亚马逊开创了一套只专属于亚马逊的营销战略，这套营销策略总的来说就是以客户为营销的中心，而要真正做到的话，以下 5 种营销特质的作用是不容忽视的：

1.善于倾听，善于学习。对于亚马逊来说，客户才是真正的营销专家，善于从客户那里获取意见，才会知道如何加强买卖双方之间的关系，卖出更多的商品，争取更多的市场份额。

2.拥有广博的知识储备。贝索斯的亚马逊如今已然是网络零售业界的巨头，涉猎的范围也在不断地扩大，如果不能很好地了解各方面的知识和技术的话，又如何推进亚马逊生态圈的建设？

3.卖客户之所需。有需求才有买卖，这是商界颠扑不破的真理，贝索斯自然不会不知道。

4.良好的客户关系网。一锤子买卖是无法给企业带来长久的利益的，忠实的客户才会让企业沿着健康的轨道一路成长。

5.重在坚持。贝索斯对客户需求的研究是全方位的，因此，可以看到亚马逊对客户的服务总是全面的，无论是购买、下载、体验、物流，乃至售后，亚马逊都期望可以为客户提供完善的服务，而这么多年来，亚马逊也是依靠如此高质量的服务体系坚持到了现在。服务贵在坚持，如果无法坚持，再好的平台也无法持久。

从细节做起

伟大的成功离不开细节的积累。做好一件事情很简单，不简单的是做好每一件简单的小事。完成一件大事，其中一定包含了诸多细小的环节，能够保证每一个细微的环节都不出问题，这已经足够伟大。要知道，任何一个细微环节的错误都可能会带来致命的后果。

就一个企业而言，服务客户不仅仅是一句停留在嘴边的口号，更多的要依赖日常琐碎的操作执行，看起来很小的细节都可能会影响到一个企业的战略目标和工作思路，所谓服务客户无小事就是这个意思。

亚马逊在服务客户方面就尽可能地注重细节，因为贝索斯了解服务无小事。亚马逊所服务的对象涵盖了数千万个中小企业用户和上千万个个人用户，要做到面面俱到显然不太可能，难免会有一些投诉和不满出现。投诉和不满并不可怕，贝索斯总是将其视为客户的新需求的体现，也是亚马逊自身服务体系升级的最佳时机。在处理这些合理的投诉和不满时，亚马逊的做法是在符合公司相关规定的前提下，人性化地处理这些问题，尽快将客户所提出的问题解决并进行后期总结，一方面避免再

出现类似的问题，另一方面为公司下一阶段的发展制定参考。亚马逊几乎把每一次客户的合理投诉视作改善自己服务体系的一次良好契机。人的视角是有盲区的，企业发展也是如此，一个企业在发展过程中牵扯到太多的细节问题，而在日常事务中势必有盲点存在，而对成千上万的用户来说，他们所面对的服务细节却是各异的，所以，不同的客户总会针对不同的服务项目提出疑问，这无疑是从细微处审视自己的绝佳机会，亚马逊正是看到了这一点。应该说，亚马逊对细节的关注也都源于贝索斯的客户至上的理念。

优秀的企业并不惧怕投诉和危机，只有投诉才能进一步提升它的客户满意度，进而形成口碑效应，带来客户的继续消费和传播效应。亚马逊的服务体系再如何完善、再如何强大，也必然要面临千人千面的客户的质疑，但贝索斯的做法让亚马逊不会轻易地忽视每一次客户对细节提出的质疑。贝索斯对亚马逊的要求似乎在一定程度上印证了中国的那句老话："勿以恶小而为之，勿以善小而不为。"正是以这种认真谨慎的态度，长时间始终如一地面对客户的种种需求，贝索斯将客户至上的理念融进了亚马逊服务体系中的每一个细小环节，才铸就了亚马逊的强大。

像对待恋人一样对待顾客

全心全意地爱着客户，想尽一切办法让客户满意，让客户获得更优质的体验，这是每个企业都想做到的。打个最通俗的比方，客户和企业之间的关系有时就像是情侣之间的关系，热恋中的男女，总是想尽可能地讨好对方，而企业对客户有时也是如此，一旦闹僵了，双方的利益都会受损，尤其是企业一方。常有人说，要像对待自己的情人一样对待客户，这种说法不无道理。

亚马逊在对待自己的客户时，就表现出了一种对待情人的姿态。贝索斯总是希望建立一个完善的服务网络，让自己的客户在其中可以体验到越来越多的自助式服务，并且亚马逊的后台技术也在不断地提升，例如涉足的云计算服务，也不过是为了让自己的服务体系更加完善，而这些都仿佛像是一个情人在讨好自己的情侣一般，在一步步地让对方对自己产生好感。亚马逊的每一次转型，贝索斯都不忘抓住机会去为客户着想，用心为对方服务，让客户感受到亚马逊与其他企业在服务等各方面的不同。

在互联网界摸爬滚打这么多年，贝索斯比任何人都清楚，在这个市场竞争激烈、吸引客户越来越难的时代，总是一成不变地对待客户是无法让自己的企业在服务上增值，也就更不可能产生新的机会点和成长点。有人说亚马逊现有的服务体系已经可以满足中小企业客户和

个人客户的需求，但反观近几年贝索斯的所有动作就可以发现，贝索斯并没有对此表示满足，他身上那种实用主义者的气质会继续推动他在服务客户的道路上推出更多的新项目和新产品。不得不说，有时贝索斯的想法已经走到了客户需求之前，或许客户还没有想到下一步自己需要什么，但是贝索斯已经为客户做好了准备，也就是说，贝索斯是个优秀的恋人，他居然已经猜到了自己的那么多"恋人"下一步需要什么样的惊喜了。

个性化服务为企业带来的效益

面对成千上万个有着不同需求的客户，真正从客户角度考虑的企业要做的就是个性化服务，根据不同的需求有针对性地进行个别服务，服务不能一刀切，客户多样性、个性化的要求需要把个性化服务作为企业服务的最终要求。亚马逊发展至今，客户种类众多，其中包括中小企业用户、个体卖家、书籍音像出版商、图书作者、普通用户，等等，不论是哪一方都是亚马逊必须照顾到的，每一个项目的推出，贝索斯都尽量求得多赢的局面，而取得多赢的前提就是每一方利益的满足，而这就是个性需求得以满足的体现。另外，亚马逊的个性化服务还体现在另一点上，贝索斯知道，即便同是普通用户，彼此也会因为年龄、性别、教育背景的区别需求有所不同，那么就必须将亚马逊的市场服务细分到极致，将每一位亚马逊的客户作为一个潜在的细分市场进行分析，他们是自主的、独立的，是可以对产品和项目提出自己喜好和看法的人，而亚马逊要做的仅仅是收集这成千上万个各异的需求，去满足他们的要求而已。

贝索斯曾经说过，亚马逊的每一个客户都是产品的潜在设计者，这句话一点儿不假。反观这么多年来，亚马逊的发展，每一步创新、每一次进步都和客户所提出的特定要求有莫大的关联。因此，亚马逊的精英设计团队固然是产品或是项目的设计者和开发者，但对贝索斯来说，无形中的那把椅子才是其公司发展的推动者，他们是一个个看不见的设计团队，在不同的阶段推动亚马逊的创新和设计，这使得这么多年来亚马逊的产品问世都是那么自然而然地酝酿而生，也难怪贝索斯一如既往地坚持重视那把看不见的椅子，因为在他心里，那椅子上坐着各种各样的人群，只有他们才是让产品革新、服务提升的关键所在。而要满足这些人群，只得通过个性化的服务来实现。

个性化服务是可以带来巨大的经济利益的，亚马逊已经为此做了最好的证明。一方面，与客户间良好的沟通减少了企业和客户双方结构性矛盾产生的可能，降低了成本。试想一下，若不是亚马逊对客户需求的充分了解，又如何在竞争如此激烈的市场当中当仁不让，产品的适销对路节省了亚马逊在很多层面上的花销和成本？另一方面，一个企业的产品若是可以长时间地对客户的胃口的话，必然会诞生一批这一企业的忠实用户。所谓的"追星效应"在产品营销中也是很常见的，客户的个性化需求在不同时期都得到了满足，降低了他们的购买风险，他们对产品的生产企业的忠诚度就会提高，在企业和客户之间就会无形地形成了一种默契。亚马逊用自己的品牌服务和不同的客户之间建立了良好的合作

关系，而客户的忠诚度在一定程度上直接关系到公司的收益能够保持稳定。

卓越的服务使客户忠诚

既然客户的忠诚度直接关系到企业收益的稳定和增长，那除了提供个性化的服务以外，亚马逊持续不断地提供高质量的服务也是很关键的。从不同方面满足客户的需求，如若无法持久，已有的客户也会流失，更别谈吸引新的客户了。将客户视为上帝的贝索斯长久以来都在提高亚马逊的物流和服务平台的能力，这都是在为亚马逊能够提供不同于他人的卓越服务而做好准备。这一点无论是在亚马逊的全球服务还是在任何一个国家内部都是如此。

面对线上玲琅满目的商品和眼花缭乱的广告宣传，客户最关心的还是在如此大的选择面前，自己如何才能随时享受到购买和体验同样品质商品的优质、一流的服务。作为在线零售业的巨头，在短短的几年间可以打败线下零售巨头，亚马逊靠的就是始终如一地在为客户提供高性价比的产品和优质上乘的服务保障。贝索斯的客户服务战略屡次奏效，正说明了这个市场比起从前来说围绕客户而展开的竞争越来越激烈了，线上和线下企业都要从考虑为客户提供质优价廉的角度出发来维持与客户之间的关系，从而在竞争中一马当先。

亚马逊在制定客户服务战略的时候总是把客户的差异性放在第一

位，因为客户的需求总是千人千面，提供服务时也应该考虑因人而异，这是亚马逊卓越服务制胜的关键。概括起来，亚马逊在制定服务战略时的主要思路有以下几个：

1. 以客户为核心

客户是亚马逊和贝索斯最关心的人群，而他们最关心的归根结底还是客户需要什么。亚马逊的企业发展战略规划中很重要的一个部分就是为客户提供周到的服务体系。于是，为了做到让所有的客户需求都得到满足，贝索斯密切和供货商之间的联系，以便为亚马逊的客户提供更多的便利。把客户作为企业发展战略的核心的做法已经深深烙进了亚马逊的企业文化中去了。

2.为客户提供超值服务

亚马逊提供给客户的服务总是让客户感受到物超所值，这是贝索斯的理念，他必须倾心尽力为亚马逊的每一位客户提供超值的服务。要做到这一点，亚马逊必须在服务之前仔细分析客户、客户群还有主要的目标市场和定位人群。通过详尽地分析后，找出自身在服务体系或是产品等方面还可以改进的地方。贝索斯对数据的痴迷就表现于此，他让自己的团队认真谨慎地对待所有和客户有关的数据，是为了争取在这一过程中持续地让亚马逊的服务超越客户的期望值。提供超值服务，亚马逊的"秘诀"在于下面几点：1.为客户提供便利的购物平台，方便客户购买各种商品；2.完善各种配套服务，为客户提供信息等增值服务；3.确保商品的品质和物流送货的服务品质；4.主动分享各种亚马逊内部的各项规定以及商品变更信息。

所谓的弹性，是指企业在应对不同的变化时要有及时、快速的应急

反应。亚马逊在面对各异的客户时就保持了足够的弹性，它总能根据客户的具体情况和特点提供适宜他们的服务，这才是贝索斯业绩能够持续增长、客户群体能不断壮大的基本保证。

亚马逊要为客户提供服务，很关键的一个环节是供货商。一旦客户在亚马逊的平台上购买了某件商品，最基本的供货渠道出现了问题，就会影响亚马逊服务的基本质量。为了避免这一现象的出现，贝索斯把自己的亚马逊和那些灵活供货的制造商和供货商信息捆绑，甚至是共同制订发货计划。这样一来，客户就可以在亚马逊的平台上直接了解到自己所需要的商品的仓储情况。

3.增强适应性

贝索斯所制定的客户服务策略是在随着市场的变化而不断变化中的，并不是个恒定的战略。贝索斯知道，客户群体是动态的，即便是同样的客户在购买不同的商品，或是在不同时期购物也会表现出不同的需求，"以变求变"、"以变促变"是服务客户最基本的思维方式，亚马逊的服务不能落在客户之后。如今，几乎每个阶段，亚马逊都会提供一种新的服务模式，或是更新自己的服务体系，但不管如何，亚马逊始终都在寻求和客户之间的一种平衡，贝索斯决不会让自己的亚马逊因为更新而失去客户，毕竟他做的一切目的都是指向客户的。

4.强调商品的差异性价值

大家都知道，商品的价值是利益减去商品的价格，根据这个公式的算法，如果将商品的价格作为衡量企业服务的唯一指标的话，那么在相同市场上，商品同质化的前提下，客户就无法体会到某一具体企业所提供的差异性价值。如今的电商界，大多数的企业都在打价格优势，放眼过去所有的网页都充斥着各种打折信息，打折销售"同质化"了很多商品，亚马逊因何在这其中体现自己的不同呢？又如何为客户提供差异性价值呢？亚马逊重视的是商品的"认知价值"，也就是客户对这一商品以及和这一商品相关的配套服务的认知，使得商品的真实价值凸显。卖出一件商品，亚马逊所要做的并不是一场简单的买卖，还包括了高品质的产品服务，例如完美、准时的配送，超值的服务、专业的客服人员服务，以及具体的商品使用说明或提示等，这些都让亚马逊从众多的电商企业中脱颖而出。

5.走近客户

谁都知道贝索斯有个十几年来都未曾改变的习惯——阅读每一封来自客户的电子邮件，并认真回复。十几年来，他几乎没有停过这样的举动，即便亚马逊已经是个拥有过亿客户的跨国大公司，他仍然坚持亲自做这样的事情。贝索斯并不傻，他不过想通过这样直接的方式了解客户的真实想法，获取各种对亚马逊未来发展有用的信息。一个成功的企业总是善于和客户进行交流，密切彼此之间的关系，了解客户之间的差异，从而赢得客户的信赖和忠诚。

6.增强预见性

前面提到过，优秀的企业家都是能够把握未来市场发展趋势，并能够预见企业未来发展方向的人。这些预测的依据都来源于对客户需求的持续性关注，他们总比自己的竞争对手更善于发现客户的需求变化趋势。

亚马逊很重视每一个客户的意见和反馈，在了解了客户反馈的具体情况之后有效地改进自身的服务工作质量。对于一线的客户服务员

工，贝索斯总是精心挑选人选，还对他们表现出极大的关心，这是因为这些员工长时间和各种各样的客户进行直接接触，从他们那里可以获得大量珍贵的直接数据和客户需求变化趋势性的资料，亚马逊对客户意见的收集主要来源于这些纷繁复杂的第一手材料，通过整理、统计、总结后，就可以预测未来客户需求的走向。因此，贝索斯曾不止一次地说过，这些直接和客户保持接触的客服人员才是真正促进亚马逊销售的最大动力。

　　亚马逊在客户服务战略上的成功并非偶然，它在十几年的时间里不断规划、执行、监控和调整才如此完美。贝索斯从未停止过对亚马逊服务体系的改进和更新，只为了创建一套最适合亚马逊的客户服务战略和与之配套的高效组织体系。

第十一章
节俭出利润
——坚定不移地向浪费"开战"

　　如果说贝索斯对客户总是慷慨大方的话，那么他对自己的员工和自己的公司就真是"抠门"了。他反对亚马逊公司内部的浪费，哪怕是一点点，都要强调节俭，他要为客户提供尽可能低价却高质量的服务品质，因此，亚马逊成本中的每一分钱都被贝索斯用在了刀刃上。有人把贝索斯的团队称作是"吃不掉两个比萨"的团队，正是源于贝索斯自己的一句话："如果我的团队能吃掉两个比萨，那就真的太多人了。"

向浪费"宣战"

　　贝索斯最喜欢对媒体说的一句话就是亚马逊已经向浪费"宣战"，亚马逊要做的就是减少不必要的成本，为客户提供尽可能低的价格。

　　高效在贝索斯看来实际上就是低成本的另一种说法，尽管外界总有

批评者在批评贝索斯的做法实在太过廉价，但这已经是亚马逊文化中很重要的一个组成部分了，更重要的是，贝索斯把亚马逊的效能和低成本两者紧紧地捆绑在一起，已经是密不可分了。2009年，贝索斯就在自己写给股东的信件中提道，亚马逊要向浪费"宣战"，在这封信中，贝索斯引用了一个日语词——"無馱"，它的意思就是浪费。信中，贝索斯提到亚马逊要战胜無馱，这是公司的一场"圣战"，而且"极为鼓舞人心"。

　　贝索斯的低成本理论或许最直接地就体现在亚马逊的仓库利用率和商品分拣两个方面。在这两点上，亚马逊所做的事情几乎让人咂舌，亚马逊的仓库利用率几乎每年都在提高，2011年几乎又比2010年提高了23%，这使得亚马逊又"重新用上了600万平方英尺利用率不高的空间"。在某一次采访中，贝索斯还对记者说道，亚马逊下一年度在美国的商品分拣将有新的动作，它会首先为联邦快递等物流公司分好包裹种类，快递公司在收货的时候就可以省掉分拣的程序，从而避免浪费时间，提高货物的送达效率。这一做法让贝索斯感到颇为自豪。

　　亚马逊的低成本理论的执行还落实在了员工管理上，贝索斯对亚马逊各项费用的支出管理相当严格，例如亚马逊公司内部几乎不用彩色打印机，还是偏好使用传统可靠的黑白型打印机；员工出差都不坐头等舱，都选坐经济舱出行；各类实验的执行团队都尽可能地小，等等。这些似乎让亚马逊的高管们感到了很大的压力，也时常听到亚马逊的经理们抱怨，却从未见到他们因此而不适应。截至2011年，亚马逊最顶级的5位高管的年薪都不高于17.5万美元，就算是贝索斯本人的年薪也只不过是8.148万美元，这个数字从1998年起就没有太大的变化。这个数字在这个把人才视为珍贵资产的互联网行业几乎是不太可能出现的，但贝索斯和亚马逊确实在这么做。实际上，2010 年，亚马逊光是在股票上的收益就达到了至少 7.5 亿美金，这或许和高管们的收入实在不够成正比，不过贝索斯把这些来源于股票和期权的收入都平均分配给了自己的员工，每个亚马逊领导团队中的人都有超过 2000 万美元的未到期期权，这也是亚马逊员工适应亚马逊管理制度的一个重要原因。

　　不论是从短期还是长期来看，只要是贝索斯仍旧执掌亚马逊，那么就注定亚马逊还会和"無駄"作战到底。这个发家于车库，成长于西雅图海滨的公司，固然如今已经搬入了西雅图总部的新楼，但它始终践行着它的创立者贝索斯节约经营的哲学。

　　亚马逊前任工程师史蒂夫雅格在自己的帖子里对贝索斯的管理表示了一定的肯定，他认为贝索斯在推动内部宏大变革方面有着巨大的能量，这是和他的节约经营哲学分不开的。贝索斯的节约经营塑造了一个很高效的工作团队，他不允许多一点儿的浪费，因此每一个团队里的成员都是最适合这项工作本身的。另外，因为成本低廉，贝索斯会依据公司的需要布置很多小型团队的灵活配置，这是其他互联网企业所不能媲美的。

　　贝索斯与"無駄"的作战计划还在继续深化当中。2012 年 4 月，亚马逊出资 7.75 亿美元收购了 Kiva 系统公司，贝索斯这么大手笔的动作只因为 Kiva 公司制造的小机器人能够把货物配送到最合适的仓库，按贝索斯的说法是，Kiva 的小机器人"可以缩短物流中心的运行周期"。所以，贝索斯才"舍得"出资买下 Kiva 系统公司，他的理由很单纯，

就是为了让自己的亚马逊利用其最先进的配送技术，这也意味着亚马逊下一步可以"更快地将产品送到客户手中"。

淡定自若的简单哲学

在亚马逊内部，所谓节约不单单是节约成本，减少各种消耗，更表现在贝索斯的经营理念上，简单就是真。化繁为简、大事化小的简单经营哲学是贝索斯一贯十分推崇的。任何表面上看起来很是复杂的工作都有突破点，找准突破点后，整合、归纳各种资源后就会发现解决问题的捷径。如此淡定自若的哲学理念需要企业的管理者在临大事时有充分的思想准备，镇定淡然，并向自己的员工发出积极向上的信号。若是企业的管理者不能在短时间将问题理清楚，找到最简单、最直接的解决方案的话，员工也会在杂乱无章的工作环境中感受到与管理者相同的慌乱情绪。问题思考得过于复杂的话，就会影响对最真实的、最直接的结果的判断。

贝索斯很善于做减法，不管什么问题在他手里都可以由繁到简，简单又快捷地得到解决。亚马逊的掌门人，按常理说，如此大的一个公司在他手上掌控了将近20年，以他"事必躬亲"的个性必然是各种事务缠身。实际上，贝索斯并非如此，他也是个有自己的生活、有自己的其他想法的人，并有足够的时间可以投入。很多人对此表示不解，贝索斯给出的解释很简单，当事情繁多且复杂的时候，就回到原点，问问自己最初是怎么想的。

亚马逊的管理走的似乎就是这样一条道路。亚马逊在将近 20 年的时间里经历了多次转型，贝索斯要关心的业务领域也在逐步扩大，从软件到硬件，每一个不同的领域都有自己独立的营销模式和管理理念，而贝索斯把这所有的一切都简单成了一个理念，即客户至上，服务至上。不管是什么项目的研发，都从这个出发点出发，因为这个理念是亚马逊创办的最初目的，也是一直以来贝索斯坚持的，相信未来仍旧是亚马逊奋斗的目标。既然贝索斯没有放弃对客户服务的最终追求，那么亚马逊的一切事务就只要朝着这个方向努力就可以了，至于外界竞争中出现的种种诱惑对亚马逊来说都不过是浮云罢了。

企业的管理者最怕的就是忘了自己的初心，而被各种所谓专业的理论带走了最直接、最单纯的念头，最后只会在专业的理论中打转，简单的问题也变得复杂了，最简单的问题都解决不了了。贝索斯正好与之相反，因此他的亚马逊总沿着一条很单纯的道路往前走，走得坚实而有力，他所奉行的节约经营之道在这里也得到了很好的体现。

中国古代曾有个关于名医扁鹊的故事或许也能说明这个问题。一天，魏文王问扁鹊："听说你们家三兄弟都精通医术，谁的医术更精呢？"扁鹊回答，大哥最优，二哥次之，自己最差。魏文王接着问："那为何你的名气比他们大？"扁鹊回答："大哥治病总在病人发病前就治好了，那时候病人还什么都不知道；二哥治病是在发病初期就把病治好了，病人也不以为然；只有我医术不够精湛，要等病人发病后被病痛折磨了许久才能把病人医治好，所以人人都觉得我的医术高明。"

医生治病固然如此，那么企业的管理者呢？一个优秀的企业管理者

要及时把问题解决在萌芽阶段，而不是等问题已经蔓延开来之后才去考虑如何妥善处理，毕竟在问题出现的萌芽期或是初期，问题更为简单和直接。贝索斯对亚马逊的一线客服人员的工作一向都很关心，这么做也是同样的道理。倘若亚马逊的客户对亚马逊有了什么不满或是意见的时候，如果能在客服层面得以妥善解决，问题就直接很多，相反，事情可能会一发而不可收拾。因此，贝索斯总是相信用最直接、最单纯的方法对待客户才是最佳的策略。

简单哲学在亚马逊的经营当中，大致可以概括为以下几点：

1.工作计划越简单越好

亚马逊从来不会给自己的员工一沓厚厚的工作计划，也不会给员工一套繁杂的工作流程。亚马逊不需要员工总在复杂的工作计划中浪费自己的时间，也不希望将大把工作时间浪费在制订这些复杂的工作计划当中，贝索斯是个最憎恨浪费的老板。一旦亚马逊面对复杂冗繁的工作时，贝索斯的做法是先制定出一个工作框架，再把分属不同部门的工作分配到各个部门去，理出轻重缓急，找到最直接、最有效的方案，从而每项工作都可以事半功倍。

2.合理分配权责

有人说亚马逊中的大小事务总在贝索斯身上压着，这句话并不全面，因为贝索斯本身是个极具创造性的权力分配者。贝索斯的"吃不掉两个比萨"的精英团队就是他授权分配的一个典型表现，他不再是个"独裁者"，他总会在不同的会议中和他的小团队共同协商，从中获得灵感来改进下一步的工作，而这样"吃不掉两个比萨"的小团队在亚马逊的不同部门数量不少。

贝索斯很善于利用这些小团队来工作，他甚至总结出了一套工作方法来培训自己的高管。

（1）理清思路，明确工作分工

贝索斯细致地将亚马逊内部的工作进行了细分，明确了权责。亚马逊的工作被分成了 4 类：第一类，必须由贝索斯自己亲力亲为的事情，这类事情一般来说都和亚马逊的决策有关系，例如制定公司的发展战略，等等。贝索斯把这一类工作留给了自己，因为只有他才是亚马逊的掌门人，这是其他人所替代不了的，而且这些工作通常都关系到亚马逊未来的发展道路，因此这是贝索斯分内的事务。第二类是可以授权给高管或是管理层的工作。一般情况下，这些工作是贝索斯认为可以放手交给自己的管理层，并起到一定的工作能力测验功能的工作，贝索斯通过放权对管理层进行培训，给他们提供实际训练机会。第三类是应该授权的工作，换句话说，这类工作也就是管理层或是员工分内的工作，贝索斯从未考虑过要自己亲自去着手做这些工作，因为对于员工来说，他们认为做好这些工作就是体现他们价值的途径。最后一类就是必须授权的工作。管理者最怕的就是紧紧攥着手中的权力不放手，贝索斯认为自己不应该做的事情就应该交由员工来完成，即便有的时候他真的很希望能够自己完成，也必须交给自己的员工，让他们来完成，这样才能保证自己有效地利用时间，提高自己的效率，也同时降低了风险。

贝索斯把亚马逊的所有工作都做了这一细分，基本确定了每项工作都由什么人来完成，无形中提高了亚马逊的效率。

贝索斯下一步要做的就是授权后要权责明确，每一项工作都有每一项工作自身的要求，需要完成这项工作的人具备一定的技能。此刻就需

要对工作进行认知和分析，认清工作本身，贝索斯要求自己的员工明确自己在完成工作过程中所需的思考过程，以及与其他部门之间的联系。

(2) 物色合适的人选

权责已经明确，贝索斯就要根据每项工作的不同需要来物色不同的人选。贝索斯在选拔人才方面的标准是以他们的学历和工作能力来认定的，当然，某些人才的潜力也是不容忽视的，贝索斯也会着重从以下几个方面入手来挖掘人才的潜力。

①评估

贝索斯为了让自己所选拔的人才在亚马逊内部人尽其才，通常都会在新员工上岗之前进行一次细致的评估，对每个人的综合素质做一次测评，为他们找到最合适的岗位。

②人才的分配

通过评估的人才，就要进入正式的工作环节了。换句话说，贝索斯在对人才进行了综合测试以后，就要考虑如何让这些人才在适合自己的岗位上发挥其最大的效用了。贝索斯心中最理想的状态就是物尽其用，人尽其才，也就是说，在合适的岗位上，人才为接受某项任务而感到无比的振奋，并感受到对自己的挑战性。因此，在人才和岗位的互相匹配中，贝索斯考虑的不仅仅是人才的一种能力，有时也把兴趣作为考虑的一个方面。

③工作分析

授权之后，或是给员工分配新任务之后，贝索斯要做的下一步就是给员工解释每一项工作的具体内涵，通常指阐明前提、讨论细节、制定标准等方面的描述工作。具体描述完这些以后，员工就可以自主地进入工作状态，人才和岗位才得到最终的匹配。

(3) 化简不能总是依靠高科技

互联网企业最容易陷入技术的怪圈，总是盲目相信追求高科技创新可以带来利润。贝索斯并不相信这样的做法，他不认为高科技可以为亚马逊和他的团队带来一劳永逸，管理是要依靠众多因素，而不是单纯的技术。因此，贝索斯从不笃信科技创新就可以带来效益，他相信坚持自己的管理模式才是给亚马逊带来最大效益的唯一途径。作为一个企业的管理者，要常常有贝索斯一般的反思，反思自己在企业里的管理模式是不是真的可以带来最大的效益？反思自己的企业是不是过于依赖高科技？这种种问题归结起来就是一句话，企业的发展最终力量还在于人，而高科技不过是一种外在的方式，这也是贝索斯一直以来所坚持的理念所在。

时间就是效率

关于贝索斯的节约理念，还有一点不得不提，那就是对时间的节约。贝索斯舍得为自己的梦想注入大量的时间和精力，但亚马逊似乎是一个从不会因为无谓的工作而浪费一秒的企业。贝索斯不但在成本上精打细算，在时间上也常常操着自己的小算盘为亚马逊节省更多的一分一秒，节省出来的时间就是企业的生命——效率。

哈佛商学院有一条很重要的训言就是："当你面临一个选择而拿不

定主意的时候，就给自己两秒钟去作决定，不要迟疑，马上决定，然后该干什么就干什么。请相信，不论花再多的时间，或做大量的研究，结果往往也是相同的。"

效率对一个企业来说是关系到生存的重要因素，管理者应该学会如何在有效的时间内合理安排工作计划，巧妙地利用有效时间圆满完成工作。贝索斯化繁为简为的就是在最短的时间内达到最好的效果。如果把亚马逊比作一艘船的话，那么贝索斯就是一个掌舵的舵手，这个舵手对自己的船的航行方向、航行速度了然于心，他知道什么事情必须做，什么事情可以暂时搁置，无形之中，他为自己的船只节省了大量的时间，而在所有有限的时间内，他的效率也得到提高。

从某种角度上来说，时间似乎就是贝索斯用来衡量亚马逊服务质量的最终标准。所以要在亚马逊的众多业务中协调好工作，做好时间安排就显得非常重要了。贝索斯重视网页的速度、物流的送达速度、客户的反馈速度等，这些看起来只是时间和速度的问题，其实背后所牵涉的是亚马逊旗下所有部门的工作效率问题，贝索斯在强调这些速度的同时更加重视的是亚马逊各个部门之间的协调反应能力，以保证每个工作流程都能顺利完成，且确保为亚马逊的最终服务提供必要的支持。

或许单纯将效率作为衡量工作是否成功的唯一标准确实略显偏颇，合理地规划时间安排工作是企业在发展过程中难以绕过的一个问题。亚马逊的事例告诉人们，贝索斯就是用时间赢得了客户的信任和热爱，他让亚马逊无论在哪个环节的时间安排上都胜过其他电商一点点，而这哪怕是 0.1 秒的胜出，最终都成就了亚马逊的胜利。可以说，亚马逊从一开始就赢在了起跑线上。

1.重视时间问题

贝索斯常常挂在嘴边的一句话是要做长期规划、做长远投资，以至于很长一段时间里，人们都认为贝索斯是个互联网界的异类，他好像不懂得时间就是效率、就是金钱的道理。事实上，亚马逊内部的员工最清楚贝索斯的个性，时间对他而言是具有双面特性的，而且他是个极为重视时间问题的人。一方面，他很享受时间管理带来的某种成就感。所谓的时间管理指的是在一个看起来很漫长的时间里，贝索斯以一种循序渐进的模式融进工作时间当中，在相对简单或是相对单纯的时间里品味追寻某个目标的成就感，这就是贝索斯常说的长期规划，在一个相对封闭的时间段里，他一步步地接近自己的目标，这种心理上的满足感让他感受到了时间带来的职业快感。另一方面，时间对他来说也是具有紧迫感的，特别是在面对客户的时候，每个客户对亚马逊提出的建议，他都希望自己在相对短的时间内能够予以回复，他的亚马逊在他看来必须走在客户时间的前头，此刻的时间就是生命，就是亚马逊效率的体现。

在时间问题上，贝索斯明白要把时间管理好，就必须看到时间的这两个属性，从心理上重视时间问题。

2.策略性目标的实现

效率是和目标紧密联系在一起的，企业只有有了策略性的目标，管理者才可能把实际管理应用到极致。策略性目标，就是企业管理者根据给企业发展制定的策略来给企业设定的目标。前面曾提到过，贝索斯给亚马逊所设定的目标就是客户至上的经营模式，而他所采取的策略则是降低成本而不降低服务品质。有了这样的策略性目标后，贝索斯开始为自己的亚马逊做时间规划。

（1）在企业内部明确目标。亚马逊内部的企业文化就是贝索斯向员工宣传自己的策略性目标最好的途径。员工明确了自己工作的终极目标以后，企业才能有凝聚力。

（2）目标公开化。贝索斯最为经典的做法就是将企业的终极目标融入企业文化当中，处处都存在的企业文化是无形中鞭策员工积极努力的最好方式，这远比明确告知员工具体目标更起到督促作用。

（3）分解工作目标。贝索斯习惯把亚马逊内部的工作细化到各个部门，因为他希望每个部门都可以遵循着他自己的经营理念健康运转，所以他在制订工作计划时，都习惯以"具体"为基本准则。要知道，一份详尽具体的工作计划是亚马逊每一次实现目标的基本保障。

策略性目标的提出要求目标是紧紧贴合企业发展实际的，不能脱离现实而提出虚无缥缈的目标，这对企业来说只会是百害而无一利。亚马逊的目标总是贝索斯从自身发展的能力实际出发，绝不做那些与自身情况不符的事情，同其他企业恶性竞争，他只在亚马逊力所能及涉及的领域里找到亚马逊要实现的目标，带着自己的团队朝着这一目标前进，并在前进的过程中慢慢修正自己最初的看法，激励员工朝更合理的目标继续前进。

3.切忌三分钟热度

以亚马逊长期投资的理念来看，贝索斯最担心的就是在目标执行初期，员工大多热情高涨，随着时间的慢慢推移，员工的热情会消磨殆尽。这种虎头蛇尾的做法是无法真正实现贝索斯所想要的目标的，他希望员工能时时保持比较高的热情来对待自己的工作，那么贝索斯是怎么实现的呢？

（1）凡事都要有结果。人总是关心自己所做的事情是否有结果，若是一件事花了很大的气力而没有结果，就在很大程度上否定了自己的工作努力。所以，贝索斯习惯在每个不同阶段公布亚马逊的业绩，对股东也是如此，总在每年的年终亲笔给每个股东写一封信，这些都可以给所有和亚马逊这个企业相关的人士一个合理的"结果信号"，让大家都看到在某个时间段里亚马逊的进步，以便安排下一步的工作计划。

（2）质比量重要。有人说贝索斯是个超现实的梦想家，因为在他的企业里可以为了保证工作的质而牺牲掉量。确实如此，作为一个实业家，贝索斯也关心亚马逊每项工作能够带来的效益，但更多时候，贝索斯更关心工作的质量究竟如何。如今亚马逊的发展已有如此大的规模，贝索斯不想看到员工只是为了某个数量而抱着敷衍的态度对待亚马逊，他要让每个员工明白自己干的工作的质量更为重要，因为这关系到员工自身劳动价值的实现。

（3）说到的必须要做到。贝索斯既是个梦想家，也是个实干家，他在亚马逊公司内部制定了一系列激励员工工作的制定，其中很重要的一部分就是将绩效管理和目标管理统一起来，让员工了解自己具体的工作结果是衡量自身价值最真实有效的标准。

巧妙的加法原则

一个善于破坏的人也必然是一个善于建设的人，因为要建设自己的秩序首先要做的就是冲破传统。贝索斯从进入零售行业的第一天开始就是个传统秩序的"破坏者"，他乐于操纵与一切传统并不相容的行业准则，和一切不合传统的人合作，鼓励标新立异、大胆创新。他用他自己所选拔的人才建立了亚马逊这个看起来和传统零售有太多差异的零售业帝国，这个帝国在短短的几年时间里傲视了全球的零售业，成为了在线零售业的代名词。贝索斯用破坏和重建动摇了零售业的传统神话，完成了不可能完成的任务。

要完成不可能的任务，需要有一双善于发现美的眼睛。法国雕塑大师罗丹有一句经典名言："对于我们的眼睛而言，这个世界从来不缺少美丽，而是缺少发现。"有些任务之所以完不成，是因为没有发现达到彼岸最直接、最便利的道路罢了。贝索斯的节约哲学之所以可以成功，并不是简单地压低亚马逊的成本，而是善于发现身边的资源，挖掘那些并未为人所发觉和利用的资源，整合之后加以充分利用，就可以做到事半功倍。这是另一个层面上的节约和不浪费，贝索斯充分地发挥了他所能挖掘的资源的最大能量来创造价值。贝索斯不是简单地在做减法，而是巧妙地做了加法。

那么，贝索斯是如何对亚马逊所拥有的和周边的资源进行发掘的呢？首先强调差异。亚马逊所招募的人才总是千千万，彼此间存在很大的差异，每个人身上都有自己的优势和缺点，贝索斯凭借着自己敏锐的观察力，承认差异的存在，他把不同的人员调配到最适合的部门，有的放矢，最大限度地发挥人才的优势。其次，提升管理层的整体素质，培养管理团队的洞察力。管理团队是为亚马逊发展导航的人，他们必须具备辩证思维的观念和能力，能够甄别各种资源的优劣，他们必须知道哪些资源是无用的，哪些资源具有开发的潜力和利用的价值。

因此，整合资源是个充满智慧的过程，尽管是个加法，但这个加法要达到的目的是 1+1 大于 2 的效果。具有计算机背景的贝索斯是做这种加法的高手，也是这一加法的最大获益者，他和他的团队总是能在众多的"软资源"和"硬资源"中做到合理最优的调配，推动亚马逊的健康发展。

1.开发人力资源

人力资源是企业资源中最为灵活，也是最关键的资源，亚马逊本身就是个庞大的人才库，包含了各类人才。如何发挥这个庞大人才库的集体优势和个人优势是贝索斯最为关注的。从外人看来，亚马逊的团队总是可以以很小的规模创造出最大的价值，这一切都要归功于贝索斯的人力资源的开发策略。贝索斯在亚马逊的运营过程中总在用各种方式激发各类人才的潜质和创新意识，增强团队的凝聚力和创新能力，为亚马逊赢得最大的利润。

首先，亚马逊内部的人才盘点是人力资源管理中关键的一环。人力资源既然是最灵活的资源，那就要让这种资源彻底地灵活起来。贝索斯每过一段时间就会让亚马逊各个层次的管理者和员工进行一次内部调

动，以提高人才的利用效率。轮岗制度会打破人力资源的使用僵化，可以让人才在不同岗位上得到不同方面的锻炼，培养员工的实际工作能力，开发员工的创造性思维，激励员工不断进取，这也打破了传统意义上员工职位有高低、工作有优劣的等级观念，在员工感受到自己价值的存在和未来个人价值实现的希望。

其次，企业内部全员决策。亚马逊不仅仅是贝索斯一个人的亚马逊，更是全体员工的亚马逊。贝索斯与其说是亚马逊的老板，不如说是一个同其他亚马逊员工一同为客户服务的高级员工罢了。他在管理亚马逊的过程中并不总以领导者的姿态出现，而是更愿意和第一线的员工一样，去接受客户最直接的批评和建议。贝索斯的这一态度从很大程度上激励了员工的工作积极性，因为自己所获取的信息都被高层管理层所采纳，他们看到了自己的重要性。另外，贝索斯在作决策的时候还常常开展全员决策的方式，他会邀请亚马逊的一线员工来参与公司的讨论会，而且在讨论会上，所有与会者的地位平等，都可以各抒己见。贝索斯这么做一方面是为了更多了解亚马逊在一线工作中存在的问题，另一方面，也是最重要的方面是从中发现人才，从而降低培养人才的成本。

2.全面审视周边资源

宋代文学家苏轼写过一首诗："横看成岭侧成峰，远近高低各不同。不识庐山真面目，只缘身在此山中。"看一座山就会因为角度的不同而观感不同，所谓移步换景只不过是因为人身在山中只看到庐山的一个部分而已，要看到庐山的全部就要跳出局部的处境，让自己拥有更全面的视角才能豁然开朗。

说到资源，曾经有人说过，每个人对待同一件事情的时候就好比在面前放了一个鱼缸，每个人都可以有选择的自由：究竟是要做鱼缸里的鱼，还是站在鱼缸外面看着鱼缸？如果选择前者，那就一辈子都要被人摆布，而如果是后者，就可以置身事外地看着鱼缸里发生的一切。这个比喻理解起来并不难，实际上就要让人们做一个掌控大局的人。贝索斯显然不是鱼缸里的鱼，他所看到的亚马逊是个动态的亚马逊。中国人常说旁观者清，贝索斯就习惯让自己"置身事外"。

3.资源是需要整合的

既然"置身事外"去看待资源，那么整合资源才是最终的目的。照现代经济学的理论来说，资源整合是指在特定的区域内、特定的空间范围内和特定的时间范围内，在市场机制为主导的前提下优化资源配置，充分发掘和利用各种自然资源、资本资源、人力资源、信息资源等多种生产要素，增加彼此间的联系，让其达到最优化的配置，提高企业的运作效率。说到理论，听起来似乎有些复杂，那就拿贝索斯的亚马逊作为一个事例来进行具体说明，或许一切就豁然开朗了。

贝索斯的做法解释起来不难，就是让所有适用于亚马逊发展的资源，包括软资源和硬资源在亚马逊内部各司其职、"各安天命"，互不干扰，但同时又相辅相成，这就是亚马逊的资源整合。此外，贝索斯还善于去发现那些被传统遗忘的资源，闯出一条亚马逊自己的最优化的道路，提高自身的运作效率。

有舍才有得

中国人有句老话："有舍才有得。"要有所收获就要先牺牲一部分，懂得找到正确的方向。对于一个公司来说，一个优秀的管理者必须会做正确的事，而不为一些无谓的小事所烦扰。事情总有个轻重缓急、先后顺序，若是总在众多纷扰中难以找到一个切实可行的办法的话，这样的管理者称不上是个优秀的管理者。更何况，面临两难境地之时，管理者更需要有个清醒的头脑，在繁杂的事物中抽丝剥茧，先牺牲或是舍去那些不需要做的事务，从而从容淡定、有的放矢，这才是管理者的担当，否则眉毛胡子一把抓，就很难对企业和员工负责。

对于贝索斯来说，节约经营在处理事务中的集中表现就是暂时忘记短期利益，朝着长期利益积极努力。贝索斯认为，只有执着地向着自己最初的目标走，才会真正成功。要知道，一个小小的火柴就可能毁掉一座大厦，亚马逊的发展耗费了贝索斯和他的团队将近20年的努力，取得如此大的成功，贝索斯并不容易，但是一旦出现一个小小的失误就可能给亚马逊带来致命的伤害，失败总是比成功容易得多。

懂得如何舍、如何得、懂得舍什么能得什么，贝索斯这个量化的梦想家最明白这其中的得失决定着亚马逊的成败。可以说，亚马逊在成长的过程中因为有了贝索斯的舍和得才几乎没有走什么弯路，犯过什么大错误。贝索斯以远见闻名，他自己就多次提到说自己从来不做3年规划，一般只做 5 年或是 7 年的规划，而且自己也从不让亚马逊追赶潮流、追随热门，只是踏踏实实做自己的事情。远见说白了就是一个企业明确自己要做的事情，认清未来数年的趋势，懂得取舍，有舍有得，才是明智的做法。

贝索斯在取舍上第一个做的就是给亚马逊的高管放权。一个人独揽大权会导致一系列不良的后果，不但会给管理者本身增加无谓的负担，也会挫伤管理层的积极性。就拿卓越亚马逊来说，从亚马逊进军中国市场开始，贝索斯就充分把经营权交给卓越亚马逊的高管，由卓越亚马逊的高管们完成亚马逊在中国市场的本土化的过程。卓越亚马逊的 CEO 王汉华曾经说过：“贝索斯充分放权给我们，让卓越亚马逊有足够的能力开拓中国特色的服务。”事实也确实如此，就连王汉华自己都说过：“我可能是在跨国公司总部花的时间最少的，一年不会超过 10 天。”

贝索斯的第二个做法就是为亚马逊找准自己的定位，也为自己找准自己在亚马逊的定位。亚马逊该做什么、不该做什么，是和自身在市场上的定位息息相关的。贝索斯绝不让亚马逊做自不量力的事情，这一点在 Kindle Fire 产品上表现得尤为明显。对于这一终端，贝索斯只执着于硬件能否给读者提供便利的阅读等体验，至于高科技炫技或是像苹果一样挑战科技的新鲜感的做法不是亚马逊所要考虑的问题，毕竟苹果挑战的是高端市场，而 Kindle Fire 面对的更多的是大众消费。为此，贝索斯从未想过与苹果为敌。与此同时，贝索斯在亚马逊内部也从未把自己看成是一个统帅。对于这点，贝索斯和微软的创立者比尔·盖茨有些相似，两者都是技术型的人才，有着技术方面的优势，同时两人也都有着很优秀的管理才能。这两人都很擅长把管理和技术两者分开，如果从事技术

研发就暂时离开管理岗位，如果从事管理和运营，就彻底放下技术研发的工作。这样做才能彼此不受影响，专心于一项工作。

贝索斯针对亚马逊的取舍所做的第三点是明确职责。孔子在两千多年前就曾说过："不在其位不谋其政。"旨在于告诉人们，不要去越界做自己不该做的事情，只有一心一意做事才有可能把事情做好。

对于贝索斯来说，所谓的一心一意做事就是要理清亚马逊内部自己和其他员工的职责，让员工们都专心于自己的本职工作，从而发挥他们各自的优势，让他们表现得更加出色。在工作上，多面手固然值得肯定，但贝索斯显然更青睐那些在自己的本职工作上具有很强的行动力和解决模棱两可情况的能力。

贝索斯的第四个做法就是分清楚工作的轻重缓急，找出重点，着重击破。亚马逊发展至今，所涉及的业务领域在不断增多，烦琐的事务也在不断增加，如果不进行分类的话，是很难决定工作的重点和顺序的。

曾经有媒体采访贝索斯时提到亚马逊作为在线零售商，商品几乎无所不包，从牛仔裤到硬件，客户在生活中需要的事物都能在亚马逊的网页上找到，很多人认为亚马逊是个缺乏经营重点的公司。贝索斯根本不认同这种观点，在他心中，亚马逊是拥有自己的经营模式的，也有自己的经营重点的，或许从传统的角度来看，这种赢利方式确实有些背道而驰。

在管理当中，最忌讳的就是管理者忽略了最重要的工作，而被并不复杂的琐事所牵绊，影响了主要工作，而把更多的精力放在了那些看似很重要却实际没有太大价值的事情上，耗时耗力，最终没能取得预期的成效。在贝索斯看来，传统的赢利模式可以概括成"剃须刀+刀片"的模式，也就是说先期硬件以亏本出售，后期通过后续产品谋利。亚马逊显然采取的不是同类模式，贝索斯更为注重长远的发展，必须有耐心地去对待经营和发展，这就是贝索斯的重点所在。他并不急于为亚马逊找到短期的销售奇迹，他的眼光是在远处。因此，亚马逊从未为短期的利润减少甚至是亏损而困扰过，这不是它的终点，更不是它发展的重点。

最后一个必须提到的就是贝索斯对亚马逊服务质量的高度重视。贝索斯似乎在很多事情上都不太在乎，唯独在亚马逊的服务质量方面比谁都严格，就凭这一点，他就可以让亚马逊始终保持很强劲的发展势头。

上面就已经提到贝索斯一向是个主次分明的人，不会让自己羁绊在琐碎的事务中，那么对于服务质量的关注就成了他仅有的一个关注重点。贝索斯总是可以站在亚马逊的制高点保持客观冷静的思维方式，以此来掌控亚马逊的发展方向，使它不至于出现偏差。

第十二章
服务与营销
——70%用于优化服务,30%用于吆喝

始终秉持客户至上的营销宗旨根本还在于服务,没有高效热情的服务,光靠吆喝最后难免沦为哗众取宠。亚马逊要的是实实在在的服务,而不是那些停留在嘴上的口号。服务本身也是个动态的过程,要随着客户的需求不断完善自己。

服务是根本

贝索斯在给股东的信中对自己提出的客户至上的理念做了详细的解释,其中最主要的部分就是要让亚马逊最终懂得汲取,懂得回报客户,这才是用户至上的终极要求,也是这一理念的真正含义,它必须尊重自己的客户,让客户随时随地都能感受到史无前例的满足,这才是客户至上的真谛。

客户至上的根本就在于服务,服务是企业的生命线,一旦服务跟不上，那么企业就失去了客户，也就断送了自己的生命线，反之，企业则走上了高速发展的道路。亚马逊从创立到现在，不论贝索斯变换何种服务方式，与客户的联系发生哪一种形式的联系，基本都遵循着服务是根本的基本原则，在亚马逊内部，企业文化也形成了浓厚的"客户观"，即客户是上帝的观念，亚马逊的员工时常把贝索斯营造的这一企业观念称为亚马逊的客户第一准则。说白了，贝索斯不过就是要让自己的每个员工明白了解客户需求的重要性，时时提醒自己要以客户为中心，为客户提供高质量的服务和优质的产品，在亚马逊和客户之间建立其优质的联系，以便在激烈的市场竞争中通过关心客户、重视客户来赢得最终的胜利。

其实不止是贝索斯有如此观念，早在亚马逊之前就有不少因服务而成功的案例，例如日本知名企业松下，它的创立者松下幸之助就一直给企业灌输服务至上的观念，要求自己的业务经理和工作人员在对待客户的反馈数据要像对待公司统计数据一般精确，他甚至提出松下几乎每天都要"为客户测量体温"。这里他所说的测量体温自然不是实际行为的测量，而是随时了解客户的意见，收集这些数据才能帮助松下改进自己的产品和服务，企业的运转才能进入良性循环的模式当中去。贝索斯相较松下幸之助的做法，只能说是有过之而无不及。

在网络营销过程中，客户的反馈相对传统来说有很大的不同，因此服务模式也要冲破传统的模式来进行。来自世界各地，拥有不同身份、职业、生活习惯、消费兴趣的社会不同阶层的消费者，本身就是个非常复杂的群体，他们彼此有着很大的不同，他们都在亚马逊这一个平台上消费，他们之间又因此有了联系和影响。这中间和传统相对单一孤立的

消费者的消费模式有了很大的区别。贝索斯从创业初期就注意到了这一点。通常来说，某一个客户在亚马逊购买了一件商品之后，就会在无形中把自己的使用感受反映到网站上，而这一反映会对此后的购买者的购买行为产生或大或小的影响，这种影响往深远说的话就是影响亚马逊的销售纪录和销售数量。因此，贝索斯强调的服务质量是非常必要的，因为良好的服务会带来客户较高的满意度，同时可以提高亚马逊的信誉度，作为企业销售的推动力，这一动力是最根本的，也是最为有效的。

有句俗话说，金杯银杯不如百姓的口碑，纵然说的是舆论对人的影响，其实客户对企业的影响也同样如此。把服务放在企业最重要位置的亚马逊，把客户的口碑和自己在客户当中的声誉度视为了企业继续发展的基础。

经过多年的摸索，贝索斯对亚马逊和客户之间建立良好的关系已经颇有心得，总结起来也有很多经验。首先，贝索斯无论在什么情况下，都坚持"客户是正确的"的消费原则，不管发生什么事情，都先把客户放在第一位考虑，而自己和亚马逊则是第二位。这样的原则促使亚马逊内部的员工始终不能忽视自己对客户的态度和服务质量，毕竟那个"独此一家"的消费年代已经远去，客户在拥有充分的自主选择权的情形之下选择称心服务的要求成为了选择的最直接的依据。于是，亚马逊能否提供比他人更优良的服务态度就和它的业绩是息息相关的。美国"旅馆大王"希尔顿就曾经说过："无论我们的旅馆经历多大的困难，都千万不能把愁云挂在脸上。"酒店业本身就是以服务为主的行业，服务态度固然重要，但对于看不到客户的在线零售业来说，服务尽管很多时候也是隐藏在背后的，但不能因此就忽视它的存在和它所代表的重要含义。

其次，贝索斯提高亚马逊的服务质量更重要的一点就在于推动亚马逊自身的进步以及技术的研发。市场竞争不仅仅是服务的竞争，还要有技术的支持。客户的需求就是对技术和后台支持的一种鞭策，只有这样才能在竞争中取得相对的主动。试想，亚马逊创办这么多年来，哪一项新技术的研发和客户无关？不论是硬件还是软件都凸显了客户需求的重要性。

第三，媒介的宣传虽然不是贝索斯最主要的方式，但是作为服务营销的手段，贝索斯也尽量用自己的方式来宣传亚马逊，和客户进行沟通。每年，亚马逊赢利收入的 30% 都会被投放到广告宣传中去，这个比例尽管在其他公司看来已经是杯水车薪，但对贝索斯来说已经是极限，他认为自己的服务已经挽留住了大部分的客户，之所以拿出一部分收入在广告上做投入，是希望吸引到新的客户，赢得客户对亚马逊的信誉。贝索斯的观点是，高效的服务质量固然是客户是否在亚马逊消费的关键因素，但广告宣传的力量也不可小觑，只有两者相辅相成才能为亚马逊带来更大的客户量。

第四，完善的售后服务。售后对于亚马逊来说，就是贝索斯服务策略中很重要的一环，贝索斯把售后视作服务客户和招徕新客户的主要途径。要知道，客户在挑选和购买适合自己的商品的时候，都会把售后服务作为一个比较重要的参考依据。因此，贝索斯通过了解客户的心理来维系亚马逊和客户之间的一种关系，而这种关系正是由售后服务来建立的。亚马逊总是可以主动去关心自己的客户在挑选、购买、使用产品的过程中出现的诸多问题，尽心尽力地为客户着想，并在适当的时候推介自己的新服务项目。如此周到的售后服务系统，如何能不吸引来更多的

客户呢？

从贝索斯本身来说，亚马逊所确立的经营中心理念就是服务客户，这个理念，或者说是原则是贝索斯在长达将近 20 年的经营体验中所体会到的"真理"。松下幸之助就说过，企业为社会所奉献的力量就是为社会多作贡献，提高公众的生活水准。尽管这个理想看起来有些远大，但不得不说，贝索斯的做法确实在某种程度上服务了大众，也就是提高了大众的生活水准。

对于大多数消费者来说，挑选与购买平台的关键在于产品是否优质、服务是否完善，这是他们考虑的全部。亚马逊就针对客户的这种想法，并以此作为自己公司的理念和信条，不断地提醒自己的员工，要真正地实现客户至上，为客户提供体贴完善的服务，尽量为客户多做一点儿，多考虑一点儿，这才是亚马逊和贝索斯在客户服务上的智慧。

掌握命脉的外部环境

亚马逊不可能在真空中发展，它必须与外部环境发生联系，更何况亚马逊还是个以零售业起家的企业，就更不可能脱离外界而存在。作为亚马逊的掌门人，贝索斯是个很善于观察外界变化的人，哪怕是一点点的变化，他都会敏锐地观察到，尤其是对亚马逊客户的数据跟踪，几乎一刻都没有停止过。

天合公司的创始人西蒙·拉莫就提道："即使是那种能够准确预测

那些对公司存亡至关重要的产品和服务具有重大影响的人，也不全然能够决定自己公司的未来走向。"尽管管理者掌握着企业的发展，但也必须把企业放在千变万化的外界环境中去思考企业的未来，否则一切都是徒劳。

提到企业生存的外部环境，其中最重要的就是市场。贝索斯对市场的解释并非单一，其中包含了竞争、对手、合作、客户等多个层面的关系，亚马逊需要在自我发展中处理好这一系列关系，才算得上是真正适应了外部环境。积极地建立这几者之间的关系才能提升亚马逊的综合实力，也才能让外部环境成为促进亚马逊健康发展的正面动力。贝索斯知晓外部环境是维持企业内部运作的重要力量，很多时候，亚马逊的成长就必须依靠外部世界的推动，因此在近 20 年的经验中，贝索斯发现了以下几点：

1.市场是重要的,亚马逊必须在市场上取得成功

对于亚马逊来说，市场意味着两个层面的意思，一方面是自身与他人之间的竞争的战场，另一方面，亚马逊本身就是客户挑选和购买商品的市场，简单地说也就是购买这种行为所发生的平台。

从一般意义上说，企业要在市场上占得先机，很重要的一点就是不能狭隘。亚马逊从创立的第一天开始就不仅仅是依靠自身内部来开拓自己的市场，甚至可以说它的市场途径几乎都是外部的，和自身没有太多关系。这一切都源于贝索斯的客户体验原则。贝索斯没有给亚马逊的客户做非常明确的定位，这不是说贝索斯不了解亚马逊所面向的客户是哪个群体，而是他希望所有人都能够成为亚马逊的客户，所以说贝索斯没有给亚马逊设下太高的门槛，这也是解释为何亚马逊可以拥有过亿客户

的根本原因。贝索斯在给亚马逊进行市场战略部署的时候很重视把握市场。要知道在千人千面的市场中，要让所有的消费者都满意并不容易，贝索斯用自己的经营方式做到了这一点，在市场中为亚马逊找到了一个有利的地位，也就是说，贝索斯通过和客户之间的良性沟通，让亚马逊在市场上首先占得了先机。

2.只有在外部环境中产生作用的亚马逊才是有价值的

作为经营了亚马逊将近 20 年的老板，贝索斯很明白这样一个经济学原理，无论是什么样的产品销售，都必须先进入市场，被消费者消费之后才算得上是实现了价值的商品，否则它们只能算是在生产领域中的产品，而非商品。这个理论放到亚马逊身上的话，贝索斯给出了属于亚马逊式的解释——和外部环境以及市场发生联系，这是亚马逊发展的最终目的，亚马逊要实现自身的企业价值必须从外部市场当中获得成果和利益，亚马逊无论如何是不能脱离外部环境中的任何一个因素，尤其是客户本身。

既然说亚马逊不能脱离外部环境而存在，或者真的如贝索斯说的那样，亚马逊的客户几乎要比亚马逊本身更为重要，那么比起了解亚马逊本身，贝索斯还应更了解外界环境的变化。外部环境总是一直在变化，贝索斯为了让亚马逊不断适应和外部的关系，总在不变化基本经营理念的前提下调整具体的服务策略来改变亚马逊内部和外部市场间的联系，毕竟贝索斯是无法掌控外部环境的，只得改变亚马逊自身的策略。

提到亚马逊在外部市场的运营，就不得不提贝索斯的亏损经营模式。这是一种完全不同于以往传统的资金运作方式，也是贝索斯自行发明的一种运营模式。应该说，这种方式迅速建立起了亚马逊和外部市场之间的联系，也吸引到了大批的顾客，扩展了自己的市场份额。亏损的部分，则由急速增长的客户群体以及投资商对亚马逊发展前景的看好投射在股票市场上，进行融资、扩股来弥补。或许不少人都对此产生过质疑，但这种让人看来很是大胆的运营方式居然取得了前所未有的成功，成功的关键还在于贝索斯重视外部环境的观念。

3.亚马逊的影响力大多来源于外部影响力

贝索斯所塑造出来的亚马逊的声誉，绝大部分都来自于客户的声音。现在很多人一提到亚马逊，几乎都会认为它是网络零售商的代名词。毕竟对于亚马逊来说，它的信誉和影响力是来源于在市场上树立的外部形象的一个综合体现，客户是否选择亚马逊的决定权还在客户手中，所以相比于用广告宣传来推荐自身，贝索斯更相信外部环境的力量。

查尔斯·丰布兰认为，企业的信用是一种合成变现，综合反映了企业过去一切的行为及结果，而这些行为及结果描述一种能力，即企业向各类利益相关者提供有价值的产出的能力。美国杜克电力公司的副总裁兼交流总监褒曼也曾经在自己的公司遭遇信誉危机时说道："在市场竞争越来越激烈的形势下，努力去铸造企业的名声及其创造的信誉是让企业脱颖而出的唯一方法。如果你想对自己的企业的信誉施以积极的影响的话，就必须先了解自己的信誉情况。"

经历了企业信誉问题之后的褒曼把企业信誉的重要性提上了一个制高点，这点和贝索斯颇为相似。贝索斯何尝不是日日在思考如何给予亚马逊积极的信誉来影响客户、影响市场？为了达到这一目的，亚马逊的业务小到一把小小的牙刷，大到计算机远程服务，所有的商品都在价

格、技术和性能上尽可能做到完美，毕竟亚马逊的服务质量事关亚马逊的声誉，而亚马逊的声誉又在很大程度上左右着客户的选择倾向。

另外还有很重要的一点是贝索斯看到了外部环境对员工的副作用力，它还会影响员工对企业的忠诚度。正因为如此，贝索斯懂得了如何巧妙地利用企业外部力量塑造亚马逊的企业文化来凝聚亚马逊员工的凝聚力，也就是塑造亚马逊员工的忠诚度。随着亚马逊品牌的不断成功以及知名度的不断提升，亚马逊在公众眼中的重视度不断增强，员工的自豪感也会因此增长，同时亚马逊对员工的吸引力也在增强。亚马逊员工心里有了因为亚马逊带来的优越感，势必会自觉地从内部影响外部世界对亚马逊的看法。

服务他人就等于服务自己

当有人向贝索斯提问为何如此执着于服务客户的时候，贝索斯给出的是个看起来很具哲理性的答案："服务他人就等于服务自己。"其实这个道理说起来很简单，贝索斯说当所有亚马逊的员工都能感觉到是在共同为一个目的而工作，而且感觉到别人是在和自己协同工作的时候，那么就是真的做到"人人为我，我为人人"了。

实际上，确实如此。这就好比前文提到的亚马逊的内部环境和外部世界的关系，两者之间存在着密不可分的联系，不但外部世界影响着内部环境，同时内部环境的变化也可以在某种程度上成为影响外部世界的助推力。因此，贝索斯在强调员工服务客户的同时，也很关注员工之间的关系，还有客户的反应对员工心理的强大作用力。

人和人之间原本就应该互相帮助，只不过随着年龄的增长，很多人开始不愿意帮助别人，只为自己考虑，于是越来越多的人在工作和生活中会变得"铁石心肠"起来，只关注自己而忘记了身边的人。在亚马逊内部，贝索斯是不允许这样的现象出现的，他通过种种途径让员工明白，无论是帮助他人，为他人提供相应的协助，以及接受他人的协同合作，都不会给自己带来不必要的麻烦，反而是一种团队精神的体现。贝索斯说过，亚马逊是不欢迎那些只会冷眼旁观却始终不动手参与的人，也不欢迎那些圆滑世故之人，他要的是踏踏实实可以为亚马逊的理念真正服务的人，这些人最重要的特色就是可以服务他人。

亚马逊内部没有人认为热情帮助初入职的后辈们是一件多幼稚可笑的事情。对于那些在自己工作范畴以外的事情，只是一味地能躲就躲，却迟迟不愿前去主动帮忙的人，决不会被亚马逊所接纳。那么，帮助服务他人的价值和意义何在？为什么贝索斯不但在亚马逊内部强调，还要求自己的员工要如同对待自己的工作伙伴一般对待客户呢？贝索斯给出的解释主要有以下几点。

1. 帮助他人、服务他人是个性中的一个好习惯

习惯通常都是在某个特定的时间段内养成且逐渐适应某种环境的一种表现。习惯一旦形成，就不容易被改变，就好比是在模具中被固定和凝固了的水泥块一般很难被打破。贝索斯了解习惯对于员工来说是一件多可怕的事情。如果员工可以在健康的亚马逊企业文化的浸染中自然而然地形成服务的意识，就会是一种习惯。

习惯可以塑造性格，性格又决定了命运。有了良好的习惯的人可以有意识地去强化自己、训练自己，也算得上是人个性中很宝贵的一笔财富。亚马逊的员工就是在贝索斯所营造的公司内部氛围中、渐渐培养着自己主动帮助他人、服务客户的习惯，从而形成一种思维上的自觉。服务他人也让他们在亚马逊的职场上感觉到无往不利，它帮助每个员工赢得了越来越多客户的信赖，并获得了更多的晋升机会，这无疑是服务自己的最终体现。有句话说得好，机会总是垂青那些有准备的人，怎么去准备？贝索斯告诉自己的员工，从服务他人和服务客户开始。

2.人脉是取胜的关键

现代人才竞争中，人脉是决定一个人能否在职场中站稳脚跟的重要因素。精英在贝索斯眼中除了是工作能力的象征以外，还代表着高超的人脉关系。一个善于服务、帮助他人的人，势必会成为众人心目中可信赖的对象，贝索斯之所以欣赏这样的人才，只因为与他人能否建立良好的关系可以决定这个人是否能够取得事业上的成功，毕竟亚马逊是一个必须时时刻刻与外界沟通的企业。而所谓的人脉的获得靠的就是对他人施以适当的帮助，与他人在互惠的过程中获得一种良性的相互关系。

3.服务他人可以获得较好的口碑

同样地，人脉广的人必然在众人当中有不错的口碑。贝索斯明白，对于亚马逊来说，声誉可以影响客户的判断和选择，因此亚马逊在客户和其他业界伙伴中的口碑很是重要。从微观上说，每个在亚马逊工作的员工同样需要有不错的口碑，就亚马逊的角度来说，公司的声誉大多情况下是所有在亚马逊工作的员工个人的声誉的综合体现，就个人来说，员工个人也必须树立良好的口碑，这才有利于工作的进一步开展。有人曾怀疑贝索斯的想法，他们认为在现实的商业社会环境中，工作上的突破主要取决于工作能力问题，但贝索斯并不这么认为。贝索斯提道，自己的员工除了要有创新意识外和扎实的专业能力以外，还要注重个人的素质和修养的提高，这些提高首先就表现在团队的协作能力上了，就个人而言，就是是否有帮助他人的良好习惯。

帮助他人能够有助于自己在他人那里获得不错的口碑，贝索斯用类似这样的原则去鞭策自己的员工，不但是出于对客户服务负责的考虑，更是为员工本身考虑。乐于帮助他人和客户的人，极容易获取他人的信任，也就更容易在职场上越走越远，同样对彰显亚马逊的形象和信誉也有莫大的帮助。

4.助人可助自己突破自我

助人可以提升自我、突破自己，这是很多人想不明白的。贝索斯在经营亚马逊的过程中发现，亚马逊越是重视自己的客户，就越是可以突破原本的自己，发展自己。因此，在公司内部员工的管理上，他也希望员工通过帮助他人、帮助客户来实现自我价值。贝索斯认为，员工在帮助他人的时候通常都是通过自己擅长的技能来完成的，他们总是担心这样做不能提升自己，这种担心其实是多余的，即便是自己已经重复过很多次的熟练业务，只要再执行也会重新给人一个新的空间去思考和体会，如此就会产生新的启发和感悟。这份感悟和思考就是突破自我的重要途径。

另外，取长补短也是贝索斯很重视的。世上没有人是十全十美的，亚马逊的员工也不例外，众多员工各有各的优点和缺点，如果可以在互相帮忙与协助中提升彼此的创新能力和专业技能，显然是贝索斯最

愿意看到的。因此，贝索斯总是希望不同的团队之间可以有交流和沟通，向他人借鉴长处和学习，不断地取长补短，才能让亚马逊有更长足的进步。

聆听周围的声音

亚马逊重视沟通和交流，但交流和沟通当中有一个很容易被人忽视的环节，那就是聆听，聆听他人的声音。相比于交谈，聆听似乎是交流中更为重要的部分，在聆听上有所造诣的人，除了可以让双方感觉到交流的欢乐，还可以从交流中获取自己所需要的有价值的信息。

平常就很擅长去聆听客户声音的贝索斯本身就是个善于沟通的人。卡耐基有一段很经典的话说道："对和你谈话的那个人来说，他的需要和他自己的事情永远要比你的事重要得多。在他们的生活中，哪怕是牙疼都会比发生天灾而导致数百万人伤亡的事情要重大，他对自己头上小疮的在意都要比对一起大地震的关注还要多。"可见，他人的意见在某种时候几乎可以超过自己的一切，贝索斯正是如此，在他眼里，客户的需要几乎是高于一切的，所以聆听客户的声音是他经营亚马逊中最重要的一件事。

实际上，重视倾听客户声音的贝索斯还对倾听这一行为做了很系统的一套研究，并进行相关的阐述，他从很多创业者的经历中总结出，之所以有些人能获得成功，是和善于倾听有着莫大关系的。成功者愿意放下自己的架子，去听听别人说什么，这也就是孔子说的"三人行，必有我师"的道理。贝索斯发现，总是能够倾听他人意见的人是会尊重他人、愿意与他人坦诚交流的人，他们总把向他人学习视为提升自己的重要途径，他们认为别人的观点可以拓宽自己的视野，让自己获得更多新鲜的知识。贝索斯认为，员工如果学会倾听，就能建立客户和亚马逊之间良好的关系，加深彼此之间的感情，不但可以进一步提升亚马逊服务的质量，而且还可以增强员工的工作信心。

在贝索斯看来，倾听就是关注，解决才能更显实效。他在接受媒体采访时，被问及亚马逊的赢利法则时提到，经营最先要做的就是学会去倾听他人的想法和意见。应该说，亚马逊重视客户体验几乎到了走火入魔的地步，主要也是因为贝索斯是个善于且爱倾听的人。曾有在亚马逊平台上经营的小商家就表示，其实和贝索斯交流是件很轻松愉快的事情，贝索斯从没有老板的架子，与他对话会感觉特别轻松自在，根本不会感觉是在跟一个拥有过亿市值的跨国公司的老板在交谈，贝索斯所表现出的谦逊和自然就是倾听的智慧。所以，有人说贝索斯的营销智慧是蕴藏在倾听之中的，这话一点儿都不夸张。

贝索斯曾经提到过，自己很欣赏美国的一位副总统，那就是威尔逊总统的副总统豪斯先生，原因很简单，豪斯就是个在倾听他人方面做得很出色的人。豪斯的朋友就曾经如此评价他："豪斯是个极好的听众，他总是能对他人洗耳恭听，这是他能够最终胜任威尔逊总统的副总统一职的重要原因。有个例子最能说明豪斯的倾听优势，豪斯和威尔逊第一次会面是在纽约，最终威尔逊能够确定豪斯为自己的副手，这次会面当中，豪斯给威尔逊留下的第一印象几乎起了决定作用。在会面当中，豪

斯表现出了善于倾听的特点，引起了威尔逊对其的注意，也赢得了威尔逊对他的好感。

贝索斯善于利用数据去发现和解决亚马逊在运营中出现的问题，他在考核员工能否耐心倾听客户的声音时，也着重从客户方采集各种反馈数据，研究分析后发现，那些在一线客服工作的员工，善于倾听的人更容易获得融洽的客户关系，因为客户认为那些可以接受和倾听自己意见的客服人员本身就是对自己的一种尊重和认可，这样一来，客户在与客服人员的交谈中就会积极回应，最终才能把问题处理好。在亚马逊，贝索斯针对沟通这一点提出了"空椅子"的说法，也是希望自己的员工时时刻刻都不要忘记同客户交流与沟通过程中要耐心、谦恭，切忌摆出一种高姿态去对待自己的客户。

贝索斯最知名的营销模式是口碑营销，所谓口碑营销说白了就是从客户的口碑入手来提高亚马逊的销售量。亚马逊实质上是个名副其实的虚拟公司，能够有数百亿的营业额，和贝索斯很重视客户的口碑传播有关，而客户的口碑取决于客服的服务质量。贝索斯说过，在网络上，客服和客户之间是互相看不见对方的，客户很容易感到自己被冷落，或是客服对他们的服务不够周到，一旦有这样的心理产生，那么它所形成的传播效应就会非常可怕。而那些善于去倾听的亚马逊客服人员就会避免这种现象的出现，他们平易近人，对客户的要求容易接受，这都容易获得客户的信任和支持，亚马逊的口碑传播效应也就呈现了正传播的效力。曾经在亚马逊就发生过这么一件事情，一个中年妇女在亚马逊进行消费之后发电子邮件给贝索斯，抱怨亚马逊书店的商品包装很难开启，贝索斯接到电子邮件之后，第二天就迅速重新设计了亚马逊的包装，新包装依旧十分坚固耐磨，但开启要比旧包装简单许多。这就是善于倾听客户意见的贝索斯，也是善于倾听客户意见的亚马逊的行为，在这一点上，贝索斯从未含糊过。

要获得他人的尊重，首先是倾听，贝索斯的口碑营销最强调的就是这点。倾听说起来简单，要做到耐心、谦逊，亚马逊对自己的员工在倾听训练上有以下具体的要求：

1.倾听他人，要注视对方的眼睛。贝索斯要求员工从倾听身边人的意见开始，认真的态度是倾听所必需的，若是不注视对方的眼睛则很容易引起他人对自己的怀疑。

2.倾听不是一味地听。在他人提出自己意见的时候，贝索斯要求自己的员工也要在适当的时候发表自己的意见和见解，这样的相互式倾听才会让对方感觉到自己对话题的兴趣以及对自己的肯定。

3.交流中最忌讳的就是突然打断他人的讲话，或是迅速改变话题，这在贝索斯看来是极大的不尊重对方的表现。贝索斯对员工提到，如果一定要更改话题，或是插话，一定要等客户阐述完自己的意见或是在说完一个话题的空隙中再去做这样的事情。

贝索斯总说有几类人是不善于倾听的，例如心胸狭窄的人、急于求成的人、老谋深算的人，他们都是不愿意静下心来听听别人是怎么想的，也不会去考虑别人的意见，因此他们的看法总是迂腐且浅薄的。亚马逊的员工是不能这么盲目地自信的，必须从倾听客户的声音出发，去思考亚马逊的未来。

不去争论

　　亚马逊在走过将近 20 年的历程中，很多次都被外界拿来跟不同的品牌作比较，贝索斯也经常被媒体指出与其他创业者之间存在竞争。当然，不可否认，亚马逊确实挑战过不少品牌，也挑战过不少传统大鳄，但是贝索斯的态度始终非常明朗：争强好胜不是自己的最终目的，亚马逊的未来是发展自己，而不是去打垮他人。

　　就贝索斯个人而言，他不是个争强好胜的人，他只专注于自己所信仰的理念，他不喜欢争执，甚至不以反驳他人为乐趣而为了赢得一时的利益。面对外界的怀疑和不信任，他总是表现得很淡然，在他看来，这种无意义的胜利是永远无法换取客户的好感的。卡耐基说过："从争论中获胜的唯一秘诀就是让自己避免争论。"经常处于舆论风口浪尖的亚马逊，似乎十几年来从未与谁有过大的争论，它很清楚自己要走的路，总是踏踏实实地去走。好争辩不是贝索斯和亚马逊的习惯做法，贝索斯觉得总去和人进行无谓争论的人太过没有风度，争论是一种浪费口舌、毫无意义的事情，作为亚马逊的管理者，似乎坚守自己的发展原则要比去争论更重要，亚马逊需要的决不是争论。

　　争强好胜是人天性的一部分，很多人总是一山望着一山高，只不过贝索斯并没有把这种天性发挥到亚马逊的管理层面上。当亚马逊的经营理念被他人所怀疑的时候，贝索斯只是坚持着自己认为十分简单的目的在经营亚马逊。其实，想想贝索斯的做法确实很让人钦佩，通常情况下，在受到众人质疑时，人们总会显得很激动，并主动进行争辩。可是贝索斯并没有这么做，即便在失败的时候，他也从不怀疑自己、怀疑员工。试想，如果贝索斯和他人一样也总是和他人争辩，就算是真的击败了对方，把对方辩得颜面尽失、体无完肤，那结果会是怎样？贝索斯很明白自己即使这么做了，也不能给亚马逊带来应有的发展，不过是一时争得了口舌之快，短时间内自我感觉良好，除此以外别无他意。

贝索斯不愿说自己是个多有风度的人，只不过不去争论也是为了对方考虑。亚马逊每天会迎来上百万的客户在它的平台上消费，不满和抱怨总是难免，亚马逊是如何正确地处理这些不满和抱怨的声音呢？同样地，也是不争论。贝索斯要求亚马逊的客服人员不要与客户争论，他自己也是这么做的。当客户遇到难以解决的问题，或是亚马逊在某项服务上做得不足，甚至有些时候并不是亚马逊本身的问题的时候，贝索斯均不允许客服人员逞一时口舌之快，必须耐心听完客户的阐述，再向对方详细说明。不让员工争论，贝索斯是站在客户的角度为客户考虑后所采取的策略。争论只会伤害客户的自尊和骄傲，如果客户在争论中输了，只会让他们感到无限的自卑，从而记恨亚马逊，势必影响亚马逊的口碑和信誉。这么做不但无益，还会让亚马逊失去很多老顾客。对于一个60%依靠老客户重复消费的在线零售商来说，这么做显然是得不偿失的。所以，与其说贝索斯很有风度，不如说他总是把自己的客户装在自己的心里，争论是在让他和他自己的上帝作对。贝索斯说过一句话，无论是什么样的争论，只要一旦卷入，无论输赢，这场沟通都已经失败

了，这话的的确确是他内心所想。

亚马逊最初进军中国市场时，收购了卓越网，不少人开始质疑这个从未到过中国、对中国市场不甚了解的美国人要如何经营卓越亚马逊，业界质疑声四起，几乎已经盖过了欢迎的声音。贝索斯面对此般质疑仍旧保持淡定，从卓越的网站加上亚马逊的商标的那天起，他就用卓越亚马逊的经营数据说话，而不是站出来与业界进行无谓的争论。

贝索斯先是在卓越网的网站首页上放上了自己和副总裁王汉华致用户的联名信，其中只是告知用户卓越更名的事宜，并无其他。很快，卓越的副总裁王汉华就称，自从亚马逊收购卓越以后，卓越的商品出售种类从原来的 6 类增长到 20 个大类，商品数量则增加了 32 倍，这些数字已经说明了卓越的扩张是成功的、卓有成效的。

贝索斯对卓越实现亚马逊的中国市场本土化充满了信心，和亚马逊一样，卓越亚马逊的经营理念也是大家所熟知的用户体验至上，"我们并不关心竞争对手。"贝索斯表示，对于中国市场"肯定会长期进行资源支持，包括增加投资。"这些话对于质疑来说并非争论之言论，贝索斯在对手步步紧逼的情势下没有表现出争强好胜的意图。

争论的胜利是空虚的胜利，而不是实实在在的成功，是看不见、摸不着的一种心理安慰，贝索斯对这样的胜利不关心，他关心的是他的客户是否给予亚马逊更多的信任和好感。尽管从人类潜意识的本性来说，人人都有自己的自尊和骄傲，都认为自己的观点才是正确的，这不过是爱自己的一种表现。但总是固执己见一定会引起争端，而这种争端是无谓的。不是所有的事情都是越辩越明，与其为了一些无可争辩的事实去发生口角，除了伤害彼此的关系和感情以外，绝无益处，如此毫无价值的做法，以贝索斯的标准衡量的话，是一定不会去干这种蠢事的。

　　争端总在所难免，对于亚马逊来说也是时有发生。亚马逊针对这些毫无意义的争端一方面是避免其发生，一旦开始了就要避免其进一步扩大，贝索斯总希望自己的员工多放一些精力在有意义的事情上，比如与客户良好沟通。

第十三章
企业文化氛围
——既和睦融洽又紧张激烈

企业文化是一个企业最突出的标志，也是这个企业的管理者经营理念的一种内部体现。亚马逊的企业文化提倡的是和睦融洽又紧张激烈，这和贝索斯的经营模式密切相关，贝索斯要求亚马逊的团队是一个团结的团队，同时又保持一定的竞争，亚马逊的活力由此诞生。

普通人不普通

人才是需要管理的，在合适的团队管理机制下，人才才能发挥其最大的作用，这就是管理的作用。说白了，管理就是用合适的方法去管人和管事，其中管人是最关键的部分。从某种程度上说，无论拥有多高的智商或是多强能力的人才只要没有合理的制度的约束和利用，是不会积极努力地对待自己的工作的，也不可能真正有所作用，普通人还是普通人，发挥不出 1+1>2 的效能。倘若有了合理的管理制度，再平凡的人也能组成精英团队，做出一番不平凡的事业。这其中和人的努力固然有关系，但卓有成效的管理才是真正值得注意的。所谓的精诚合作在现在看来决定于是否有合理的管理制度保障。俗话说："三个臭皮匠，顶个诸葛亮。"这句话告诉人们，再平凡的人在合理的人力资源调配和工作分配条件下，都有希望创造不平凡的业绩，团队有一个懂得管理的管理者看起来是至关重要的。

贝索斯的团队管理制度是很有自己特色的，他的管理理念在很大程度上表现为亚马逊的企业文化。在客户至上的原则指引下，贝索斯用自己的方式去管理自己的团队，用一种最简单的方式创造了亚马逊惊人的业绩。这种管理具体来说可以分为 4 个部分：亚马逊的团队制度、亚马逊的团队结构、亚马逊的管理层团队和亚马逊精神管理。

1.亚马逊的团队制度

说起团队制度，是整个管理得以实现的制度保障，有了基本的管理制度，亚马逊才能实现真正的管理，这也是亚马逊众多团队工作得以有序进行的重要前提条件。贝索斯用一种有机且严格的方式来制定管理制度，亚马逊的员工众多，但员工的分配和工作方式都被一种很严苛的方式约束着，与此同时，贝索斯也很重视员工的自身价值的实现，总在通过各种非传统的方式来奖励那些为亚马逊创造了突出业绩的员工。这种有机的形式是建立在亚马逊业绩发展的基础上的，有需求才有员工队伍的发展，所以亚马逊的团队看上去总显得十分紧凑，工作氛围紧张有序。要是整个亚马逊的工作团队像一盘散沙的话，那亚马逊早在多年前就已经被来势汹汹的竞争对手给逼着退出历史舞台，而贝索斯也就注定

一事无成。

还有，亚马逊的管理制度并非一成不变，随着亚马逊的扩张、市场的变化，贝索斯也在逐渐地调整他的团队。总之，在亚马逊内部，员工就仿佛组成了一个有机的运动着的团队，为亚马逊的发展而努力着。

2.亚马逊的团队结构

要打造一个工作效率高、能力强的团队，除了要有制度的保障外，还有一个方面也是值得深思的，那就是团队的结构。如何合理地安排团队的结构，是摆在贝索斯面前的关于组建精英团队的另一个大问题。

所谓的团队结构是指团队中的工作分工和安排，通常，工作安排的依据都是员工自身的个性、特点以及在这个团队中的位置。保证一个团队完整的整体功能是团队结构管理所要起到的作用。贝索斯曾经就团队结构管理经验做出一定的分析，他用扑克牌的4种花色来比喻亚马逊的员工，认为一个完整的团队中必须具备这4种人才才可以。第一类是专门可以为项目初期设计创意方案的人才，这种人才是方块型的人才；第二类是可以稳定地为项目的实施提供支持的梅花型人才；第三类人才是那些可以在团队中协调各类关系、激励其他人士气的红心型人才；最后一类是实干家、富有执行力的黑桃型人才。拥有了这4类人才，贝索斯认为还要了解他们彼此的长处，在工作中进行合理分工，才能最大限度地实现他们各自的价值，达到精诚合作。亚马逊内部的团队结构就是在这样的调配下实现了人才资源的最优配置。

3.亚马逊的管理层团队

亚马逊的管理层团队是整个亚马逊公司的坚强领导核心，贝索斯通常都是通过这个管理层团队来管理整个亚马逊公司，指挥所有的员工紧密地团结起来，发挥自己的潜力，相互协作，来创造亚马逊共同的业绩。所以说，这个团队不管是对亚马逊的众多员工来说，还是对贝索斯本人来说，都起到了一个重要的承上启下的作用。亚马逊的员工之所以可以坚持长时间、努力、高效地工作，和这个团队的努力是分不开的。亚马逊正是有了这么一群乐于付出、富有牺牲精神且激情四溢的管理团队，才打造出了亚马逊如此辉煌的业绩。

作为管理层团队中的一员，贝索斯除了有相当过硬的业务素质以外，还有着与自己的下属同甘共苦、共同奋斗的精神。贝索斯不喜欢把下属只是单纯地视为下属，更多的时候，他把他们视为自己最能干的一群朋友，在他的团队里，所有的事业都不只是和他一个人有关，而是一个团队的事业。贝索斯的做法避免了自己依赖职权去管理团队造成的"高压管理"，同时也在融洽的关系中确保了整个管理团队的稳定和热情。

4.亚马逊精神管理

说到亚马逊精神管理，就不得不提到亚马逊的企业文化。贝索斯的企业文化管理就是让员工在共同的工作环境中感受到亚马逊的共同奋斗目标、亚马逊的经营理念，由此产生的一致行动，彼此协作而达到的一种精神状态。这样的精神管理不但包含了亚马逊员工工作热情的体现，还在一定程度上体现了亚马逊团队的精神力量。亚马逊的精神管理包括团队文化、团队情感和团队凝聚力等方面的管理。

（1）团队文化

团队的核心价值体系被贝索斯称为团队文化，亚马逊的团队文化是独具亚马逊特色的。亚马逊重视的团队文化，主要表现在要求员工对共

同事业理想的追求、对公司相关规章制度的遵守，也包括对工作的热情、对团队执行力的情况、和其他员工的协作情况、对困难的挑战精神以及学习能力的强弱，等等。贝索斯对团队文化的要求几乎涵盖了员工身上应具备的所有素质，这些是在团队发展中必须具备的，也是在发展过程中慢慢完善的。贝索斯强调团队文化，是为了规范亚马逊的发展理想而做出的努力。

（2）团队情感

亚马逊的团队成员之间并不只是工作上的联系，贝索斯更希望他们彼此之间有互相关怀、互相理解、互相信任和支持而达到彼此自我价值的一种情感。这种情感有别于普通的朋友关系，而是建立在亚马逊共同目标的奋斗、民主管理的基础上的情感，是所有成员对自己所在团队的认可、喜爱和依赖的情感。这种情感看似对目标的实现并没有太大的作用，但是贝索斯却始终说团队的情感非常重要，尤其对员工实现个人价值有着不可替代的作用。有了团队情感，员工才能以富有激情的状态投入自己的工作、爱上自己的工作，同时也给其他成员带来团队的归属感。正像贝索斯说的那样，团队情感是员工积极工作的强大积极内动力。

（3）团队凝聚力

团队凝聚力是团队文化和团队情感践行后的结果，是企业管理者通过科学制度进行合理的制度管理、结构管理以及领导管理的最终目标。贝索斯在增强团队凝聚力的时候，就把凝聚力视为亚马逊整个企业精神的内在核心。亚马逊在构筑团队凝聚力时，主要是从团队成员是否具备共同的清晰的奋斗目标、是否信仰共同的团队文化开始考虑的，充分让团队成员建立深厚的团队情感，让成员积极工作、精诚合作，以实现亚马逊发展的终极目标。

管理不只是关心人

除了做好团队管理，作为人才的个人管理也是贝索斯在管理当中的另一个问题。要有完善的团队，首先要有一批高质量的人才，并且还需要关心这些人才能为自己的团队做到什么，贝索斯作为亚马逊的最高管理者，怎么培养高质量的人才、如何去了解人才的长处和短处都是他必须关心的。亚马逊要在团队管理上制胜，贝索斯就需要为自己培养一大批可用之才，对他自己来说，要培养人才就要首先了解人才，贝索斯真正关心员工掌握了所有人的成长特点和规律，并在这其中总结发现了培养人才最行之有效的措施和方法，为亚马逊培养出了一大批适合自身发展的人才，并组成了精英团队。

贝索斯把亚马逊的团队培养视为一门用人的艺术，用通俗的话来解释，贝索斯的这门艺术就似乎是"知人善任"。前面已经提到贝索斯给亚马逊建立了一套高标准、高质量的招聘流程体系，并长期坚持，在这当中，贝索斯通过测试、训练了解了自己的员工的优点和缺点，根据每个人的特点安排工作、分配任务，使得所有人都可以在自己的岗位上找到自己的价值实现途径，扬长避短，给员工提供充分发挥才干的机会，如此，员工才会有信心和热情投入自己的工作，获得自己工作上的成就

感。每一年年终，贝索斯都会感谢亚马逊这个极富创造力且聪明能干的团队给亚马逊创造了很高的经济利益，但在这背后，实际上是贝索斯知人善用的一个重要结果，对于团队来说，贝索斯做到了对人才资源的合理配置和优化组合，这才体现出团队的力量和智慧的所在，团队的积极性提高了以后，整个团队就呈现出了很强的服务能力和工作能力以及挑战工作难度的能力，最终实现亚马逊的目标不过就是个时间问题了。

要管理好亚马逊的团队，目的是为了给亚马逊带来更佳的业绩，贝索斯的主要方法是"善任"，前提是要做到"知人"。亚马逊的管理层总是在认识到人才的特点之后才正确地使用人才，这是亚马逊实现人才配置优化的重要原因，做到善任，贝索斯的经验告诉大家，主要要做好以下3个方面：

贝索斯在招聘人才时，不但关注人才的工作能力，对人才的学历背景也有足够的关心。一个仅仅只有能力却缺乏品德的人算不上是人才，毕竟品德对于个人来说是一个人的内核，所以贝索斯强调在招募人才时，重点要考察他的品德。如何了解一个人的品德，主要从以下这几个方面入手：1.要看看这个人对身边人的态度，主要是家人和朋友；2. 要看看他都和什么样的人交朋友，朋友的品质如何；3. 关于这个人对对手或是竞争者的态度如何；4. 要看看他在受到挫折或是不公待遇时的反应；5. 要看看如何对待他人的隐私和不足；6. 要了解他是怎么看待那些地位比自己高或是比自己低的人；7. 了解一下当他人对他提供帮助的时候他的反应是什么；8. 面对不义之财，他的反应又是什么；9. 要看看他是否有担当；10. 看看他是如何面对他人对自己缺点的指责。

上面的10个方面是贝索斯在亚马逊招募人才时提出的对人才品德

考量的标准，尽管在具体的每一次招募中并不全然依据这 10 个标准，但这些具体的标准确实给了亚马逊人才招聘部门一个可参考的标准。这些标准可以帮助亚马逊的管理层对初入职的员工的品德进行一个初步的判断，也有助于认识到人才的优缺点。总的来说，贝索斯这一复杂的标准实际上还只是对员工的初步认识，在工作的进程中，还是要不断地增强对人才的全面认识，以便更好地调整工作。

1.性格决定命运

性格和一个人的命运是紧密相连在一起的，甚至连发展潜力等都和人的个性有着很大的关系。性格之所以有这么大的力量，是因为人在成长过程中，内外的因素都会对人产生或大或小的影响，而这些影响随着时间的沉淀就会在人的心里形成相对稳定的特点和对事物判断的倾向性，这便是性格，它决定了一个人为人处世、行事特点等方面。所以，亚马逊要真正了解员工，就必须掌握员工的性格特点。

贝索斯指出了解员工的性格特点也有 10 条标准：1. 看看他的活跃度，是在团队中更为活跃还是个人独处时更为活跃；2. 考量一下这个人是喜静还是喜动；3. 对于别人介入他的空间，他是否介意；4. 自己在犯错的时候，他是如何看待的；5. 当别人犯错时或是暴露自己的缺点时，他又作何反应；6. 工作对他来说意味着什么；7. 他对紧急情况会做出什么样的应急反应；8. 在犹豫不决的情况下，他通常作何决定；9. 他的着装风格如何；10. 他的走路风格和走路姿势怎么样。

贝索斯要求亚马逊对每一个员工的性格都十分了解，一个人的性格几乎可以决定他是否适合在独立的环境中工作，还是更适合和他人协作完成任务；也可以决定他是否适合做常规性的工作，还是更适合创新性

思维的工作；可以决定他是否适合做细致型的工作，还是更适合做宏观性质的工作。亚马逊总是依据员工的性格特点安排工作，一般来说，亚马逊总会选择一些性格开朗、活泼的人去做外联和营销类工作，那些比较沉默、做事条理性较强的人专门用于从事文件管理、整理工作，富有激情的人更能胜任项目设计工作，亚马逊更喜欢挑选性格沉稳、思维缜密且仁爱宽厚的人来做政策的决策者。

2.了解员工的能力

贝索斯作为亚马逊的管理者，除了熟悉员工的性格特点以外，重点还要了解员工的具体能力，一个性格符合岗位的人员却缺乏相关的能力，显然也是不能胜任的。何况不同的人在社会经历、个性特征、教育背景等方面都有着很大的差异，这也让他们有了能力上的不同，而亚马逊也在考虑性格特点外，着重在这方面做文章，分配工作任务也主要参考员工的能力，这是员工能否顺利完成任务的关键因素。通常情况下，贝索斯会从两个层面来衡量一个员工的能力：

（1）员工本身的社会经历

社会经历包含了个人成长的家庭背景、所经历的重要事件，等等。从贝索斯自身的经历来说，家庭环境对自己的影响非常深，因此他也要求对员工的成长背景做一个全面的了解，他必须了解什么样的家庭环境可能塑造什么样的工作能力，在长期的家庭熏陶当中，人的才能会有所不同，例如出身于商人家庭的人对理财和营销更为熟悉，在律师家庭当中成长起来的孩子更善于辩论，政客的孩子的领导才能和组织才能更强。这些都说明家庭背景对人的能力和个性的影响很深刻。贝索斯就想通过对家庭背景的了解来进一步和员工进行沟通，发现员工身上更多潜在的潜质。另外，个人的社会经历也会对人的性格和能力有外在的影响，因此这也是贝索斯在了解员工方面不愿意轻易放弃的一个途径。

(2) 员工的教育背景

应该说，亚马逊是这个行业里在招聘人才时最重视教育背景的一个公司。他狂热地追求员工的高教育背景，主要从员工以往的学习和工作中获得的荣誉和奖励出发。贝索斯这么做是针对现有的竞争形势来做的，现代社会，分工日趋精密，高等教育的专业设置也越来越细，专业人才的培养也日趋专业化，因此亚马逊要了解员工的工作特点和工作能力，就不能忽略他们的教育背景，不能忽视他们的专业能力是否适应亚马逊内部的工作，是否与团队事业的需求对口相关。一个人的工作能力固然受到他的家庭背景等先天因素的影响，但后天的专业训练也是人才工作能力的练兵场，更多时候，工作能力都是在后天环境下经过克服重重困难之后才锻炼出来的，这种能力更为显著、更为突出。

以上所说的几方面都是亚马逊在了解员工能力时必须具备的基本切入点。贝索斯在日常工作中虽然很重视员工的家庭背景、社会经历、性格特征、教育背景，等等，但是他不完全迷信这些东西，这些都是他判断员工工作能力的一些依据，更多的还是要在实际工作中去发现，员工在实际工作中的能力展示才是最真实的，才是给员工分配工作的最终标准。

授人以渔

中国古人说："授之以鱼，不如授之以渔。"说的是教育的方式和内容。中国古人对教育很有自己的见解，教育是帮助被教育的人去发展自己的能力、完善自己的人格。亚马逊的员工培训计划中也从未将员工视为一个工作人，而是一个成长中的人才，贝索斯总是把员工培训看作是发展员工个性和能力的一种方式，他屡次强调培训是要将员工的个性和亚马逊团队的群性平均对待的。

在亚马逊的那些灵活的小团队里，不同性格、不同教育背景、不同人生阅历的人在一起为了同一个目标而努力和奋斗，他们各自的工作态度和工作能力在同一个团队中呈现，并凝聚成团队的力量。在重视团队工作成效的亚马逊看到了个人作为团队前提的重要性，对亚马逊来说，成功是团队的成功，但它来自于一个个员工的努力，团队的成绩大小直接来自于每一个员工的综合素质的高低。贝索斯在培训员工的时候就坚持要把培养员工的个人能力放在首位。培养人才，他认为时时要明确的一点是，无论什么样方式的培训，亚马逊要传达给每一个员工的不只是技能上的培养，更多的是一种文化和精神上的融入，是一种能力和思想，特定的技术或是操作程序不过只是外在的东西，员工要了解到的还是亚马逊的整体理念，从而在其中发挥自己的能力和个性。

贝索斯曾经提到自己的员工培训计划，就是要用培训来提升员工的幸福感，这种提议让很多人难以置信。贝索斯却很是欣赏自己的这项提议，当今社会竞争如此激烈，很多人在工作中体会不到自己的幸福感，自然也就不愿意投入更多的热情到自己的工作中去，为此贝索斯提出了自己的幸福培训计划，目的是为了提升员工的幸福感。如此不可思议的计划，贝索斯给出的解释是，丰厚的薪水、轻松的工作量、无穷的假期都不代表员工的幸福，从以往的一些调查数据统计来看，在美国最有幸福感的员工认为自己的幸福是来自一流的员工激励机制、充足的福利和完善的职业发展计划，还有工作和生活的绝妙平衡。于是，贝索斯开始用心去配置和提高这方面的水平，通过幸福培训来让员工感受到幸福，重拾工作的热情。

这次培训计划启动之后，亚马逊在长达 4 年的时间内预先支付培训课程与书籍费用，这其中的费用就占去了全部培训费用的 95%。亚马逊推出这项培训计划拟向自己的计时员工每年支付 2000 美元，培训课程包括护士、飞机维修或电脑辅助设计等市场热门需求的职业技能。此外，亚马逊还表示公司已经和美国劳工统计局合作，着重挖掘社会上最需要且薪金最高的工作，让员工融入到这些行业的培训中去。该项计划一上马就有很多人指出，亚马逊是不是在为自己的裁员计划做准备？贝索斯针对这种说法提出了否认，他指出此次培训的目的主要是为了让员工保持幸福感。亚马逊负责全球客户业务的副总裁戴维·克拉克说："长期、投入和热情的员工是亚马逊完成人们所期待的高水准客服工作的关键。"同时，他也表示，"如果人们在自己的职业生涯中有其他的选择，我们只希望他们实现这个目标，从长期来看，这对大家都好。"无疑，这项培训不仅是为了员工个人的幸福着想，更多的还是对亚马逊

信誉提升的一种周全考虑。

授人以渔，亚马逊长久以来始终在激烈的竞争中能够稳坐第一把交椅，员工的培训理念和员工综合素质的提高功不可没。贝索斯不似从前一般只是简单地向自己的员工传授个人经验，而是要设法提高整个团队的学习能力，进而在这个基础上提高每个员工的综合素质，把团队建设成学习型的团队，亚马逊也因此迎来事业上的下一个辉煌。贝索斯的授人以渔，概括地讲就是以下几个方面。

1.亚马逊为员工自我提升建立了一整套完善的管理机制

为了让亚马逊的团队运行更为顺畅，贝索斯在亚马逊内部建立了一整套体现出管理智慧的团队运行机制，其中包含了对员工工作态度的指导、对工作方法的规范，以及对工作目的的强调等多方面的内容，应该说，这套科学的团队运行机制对整个亚马逊来说是员工自我提升和团队良性运行的基本保障，它让亚马逊的员工对自己的工作保持着极高的热情，不断在工作中完善自我，从而打造出了一个充满战斗力的团队。

就举亚马逊的新入职员工培训为例。新入职的员工，亚马逊的人力资源管理部门就会对其进行一段时间的免费培训，随后再输送到公司的各个部门去正式工作。亚马逊在新入职员工培训中规定，入职后的前3个月，员工必须到亚马逊的每个部门去实习，而且要每天坚持写实习日志，记录自己一天的实习体会。等到实习期满了以后，员工自然就会对亚马逊整个公司各个岗位的运作程序有了一个全部的初步认识，再到自己分配的岗位上工作的话，就可以认清自己的工作在整个公司运转中的位置是什么，以便更直接地投入工作中去。

这种机制应该说是可以一举多得的，首先，这种培训会让一部分缺乏学习精神和吃苦耐劳精神的人主动放弃，3 个月的入职培训可以起到甄别人才的效力；其次，新入职的员工在各个岗位上轮番实习，有助于了解公司的工作流程，也积累了大量的专业知识和技能，不但为此后的工作提供了一定的技能的积淀，同时还让他们从入职起就锻炼了依靠学习来解决实习问题的习惯；第三，新入职员工在所有部门中轮番实习，还可以帮助他们体会亚马逊的企业文化，更利于他们体会到亚马逊客户至上的服务理念，也会提升亚马逊的服务质量；第四，这项机制可以培训出众多优秀、高素质的人才，这有利于亚马逊人才团队的建设和长久稳定发展。

2.亚马逊为员工学习创造各种必要条件

贝索斯说过，只有不断学习的团队才是有潜力的团队、有前途的团队，在激烈的竞争中立于不败之地的团队。在面对互联网行业日新月异的变化、技术和理念的革新形势下，亚马逊的团队总是保持着适当的危机意识和学习意识，从不让自己陷入陈旧的窠臼当中，而是积极地鼓励自己的员工学习新知识，培养创新能力，把整个团队建设成富有生命力和战斗力的学习型团队。贝索斯是个固执的人，但他绝不守旧，他总是能比其他人更早地预测到行业未来发展的趋势，这一切的能力都来自于创新的压力。

管理者固然要有创新意识，员工的学习培训也要有相应的保障。亚马逊有个惯例，就是每年都会为自己公司的技术人员和管理人员提供外出学习的机会，还会为其他员工安排专门的培训课程，目的就是为了让人才在学习中成长，提高创新能力，掌握现有最先进的技术和管理经验。这个人才培训计划确实为亚马逊的人才培养带来了一定的成效，出

外培训和学习的员工回到亚马逊之后，总会对公司现有的技术和管理方法提出自己的看法，而亚马逊也会相应地依据他们提出的建议来完善自己的管理制度和技术革新，从而一步步壮大起来。

3.亚马逊期待学习型人才

学习型人才是贝索斯最为青睐的人才类型，因为学习型人才的特点就是可以在完善的制度保障下通过学习来提高自身的能力和技能。由学习型人才组成的团队才足够优秀，才有深厚的创新能力。贝索斯为了在亚马逊内部培养更多的学习型人才，可谓是想足了一切办法。

（1）适当的激励和竞争是学习型人才诞生的基本条件

良性的竞争对于员工来说是另一个层面上的激励机制。很多时候，人才通过竞争才会产生学习的动力，而企业在挑选人才时也是通过竞争来选拔的。亚马逊内部的竞争氛围很浓厚，紧张而有序的企业文化保证了亚马逊内部员工时时都有竞争意识和危机意识，于是他们不得不提高自己的学习积极性来提升自我的能力。另一方面，贝索斯也很重视对学习型人才的激励，他总是不吝啬地去奖励和肯定那些主动学习、能为亚马逊发展提出创造性意见的员工，以及为亚马逊开发出新技术的员工。

（2）挑战性工作是学习型人才诞生的前提

贝索斯经常给自己的员工出一些"难题"，布置一些挑战性的工作，很多员工戏称是"不可能完成的任务"。其实贝索斯给员工出的这些"难题"，只是为了进一步刺激员工的学习意识，让他们更认真地思考在工作中遇到的难题，主动去寻找解决问题的新方法，把迎接工作中的挑战和自主学习相结合。

人才和团队的动态管理

美国学者卡倍里曾经说过："不要把人才当做一个水库，应该把他当成一条河流来管理，不要期待他不流动，要想办法管理他的流速和方向。"人才培养是个动态的培养过程，贝索斯总是喜欢把人才放在动态的管理中来培养，与此同时，人才和团队之间的关系和机制也关系到亚马逊如何保持企业活力，因此贝索斯一直都在管理机制上想要着力建立一个切实可行的促进人才有序流动的科学的管理制度。

贝索斯在形容亚马逊的团队时，最经常用到的两个比喻是河流和机器。贝索斯常常把自己的团队比喻成是一条河流，团队的管理就是保证这条河流中所有的水滴保持相对统一的流速和方向，一个水滴的能量很微小，一旦凝聚起所有水滴的力量就可以汇成强大的水流，流向人们所设定的既定方向。贝索斯说过，这种汇集小水滴的做法不是用一个大水滴的方向和速度来要求所有的小水滴，而是要把所有的小水滴的力量融合在一起，不让任何一个水滴分散掉，最终让河水消失、干涸。亚马逊就好比是这条巨大的河流，所有的团队和员工都是其中的小水滴，贝索斯就是利用这些小水滴之间的凝聚建立起了一套切实可行的促进人才有序流动的合理机制，促使亚马逊整个运营流程中每个成员都能发挥自己的能力和优势，让整条河流顺畅地往贝索斯所设定的方向流去。

贝索斯还曾经把亚马逊比喻成一台运作着的机器，每个团队和员工

都像是这台机器上的零部件，所有的零部件要保证功能良好、配合协调才能保证整台机器正常运作。这些零件，不论大小，不论起眼不起眼，都要有良好的运转效率，才不会真正影响整个机器的运转，同时也不会被其他零件所替代。

每个员工都是平等的，贝索斯和亚马逊对所有员工都是一视同仁，过分强调个别优秀员工，把某个员工的发展看得太重的话，其实就是本末倒置，这样不但会挫伤其他员工的积极性，还会忽略团队的整体发展，这样一来，团队的工作效率就会大大降低。贝索斯说过团队管理不是"1个天才和1000个助手"，必须是"1001个助手"才能让团队不断进步发展。亚马逊的人才和团队管理其实就是处理好少数优秀员工和大多数普通员工之间的关系的过程。贝索斯应该说是处理这一关系的高手。

1.管理者不能自视为"天才"

管理团队作为亚马逊员工中的精英团队，是整个亚马逊的神经中枢，也是亚马逊行动的指挥司令部，整个亚马逊公司的决策和行为都要靠管理团队指引员工统一步调、协调行动才能完成任务。亚马逊是所有员工表现自我的平台，倘若只有管理团队而不顾其他员工的话，或者只是把其他员工当做管理团队为了发挥自己的作用而建起来的助手团，那这场"独角戏"是撑不了许久的。亚马逊这场大戏需要所有"演员"通力协作才能撑起整个戏班，唱好大戏。亚马逊的管理团队或许是最不像主角的管理团队，贝索斯和亚马逊的管理团队从不把自己视为亚马逊的主角，而是负责给员工搭好平台，统一部署，为员工的"表演"提供充分的条件。亚马逊的管理团队也从不把自己视为"天才"，虽然严格要求自己的员工，但从不强人所难，只为员工安排好工作、分配好任务、协调好团队合作任务。这就是贝索斯管理下的团队管理的特点。总而言之，管理团队在亚马逊的任务不是"管"，更重要的是"理"。

2.少数优秀员工的作用不容小觑

上面已经提到了，贝索斯的团队管理过程实际上就是处理少数优秀员工和大多数普通员工之间的关系。虽然讲究平衡，不过贝索斯在管理过程中绝对公平，公平是相对的，亚马逊需要突出效率、突出人才。在亚马逊内部有一部分特别优秀的员工，他们对于亚马逊的发展起着非常关键的作用，这种作用就好比是军队里的军师、服装公司里的设计师，他们可以被称为是亚马逊的"大脑"。少了他们，亚马逊就有可能失去方向。

贝索斯说过在亚马逊当中最优秀的员工都是亚马逊的信仰者，他还说过，这些人若不是亚马逊的信仰者，亚马逊坚决不留，这也说明贝索斯对这少数的精英人才有多么重视。亚马逊在招募人才时曾经有一则很著名的求才广告："身为新兴市场的先驱者，我们正在建立一个重要、优秀且永存的公司，以之创造历史。……我们提供极佳的工作环境，里面充满了有才干、聪明又自动自发的员工。"贝索斯在自己的广告里强调的是自己的优秀员工是可以创造历史的，他以此来吸引人才，也同样以此来留住人才。

亚马逊的优秀员工信仰亚马逊，这少数人对亚马逊都有很高的忠诚度，这些人可以帮助亚马逊公司内部形成积极且团结向上的企业文化非常有必要。他们总是真心相信亚马逊在行业中的地位和使命，对亚马逊的发展充满了信心，即便是在公司遇到困难的时候也绝不动摇，也无时

无刻全心全意地维护亚马逊的总决策。如此优秀的人能甘心留在亚马逊公司里，和贝索斯的关心是分不开的。贝索斯的重视让他们感觉到了自己在亚马逊工作的责任和自己的重要性。

优秀人才对亚马逊既然有如此惊人的作用，贝索斯自然是不会轻视的，但同时他也尊重亚马逊的每一个员工，他知道再优秀的人也不可能独当一面，团队的配合才能创造亚马逊的奇迹。

3.不过分重"点"，也要重"面"

管理团队，要点面结合，优秀人才纵然可以让团队有可观的能量，团队的力量最终还是来源于整体的战斗力。贝索斯重视少数对团队发展有举足轻重的优秀员工，也不过分依赖这些人，团队对他来说才是亚马逊这个大舞台上的优秀演员。

"天才"员工有优点，也有缺点。优秀员工是亚马逊发展的原动力，其他的员工积极性不能因此受到影响，大多数普通员工的工作能力倘若不高，整体竞争力也是无法提高的。如果只是长期信赖和依赖优秀员工，就容易看不见其他员工的存在，这对团队的发展和稳定是极为不利的。

贝索斯总结过自己对人才的应用和团队的管理有着很深的体会，对少数优秀人才和大多数普通员工之间的关系的处理也有着自己的原则——"天才"员工一定要重用却不能过分依赖，发挥"天才"员工的作用也要兼顾其他员工，点面结合，才能把团队里所有员工的作用都发挥到极致，才能培养出优秀的团队。

反省自己胜于指责他人

"金无足赤，人无完人"，人都有缺点，不可能十全十美。每个人都有自己的立场，当处于自己的立场上看待身边的人和事物时，不太可能做到完全不偏不斜，也难免会有偏颇。某位著名的国学大师就说过："任何一个生物，从本能上看都是趋利避害的。所以，我没怪罪任何人，包括打过我的人，而是由于我洞明世事，又反求诸躬。假如我处在别人的地位上，我的行动不见得会比别人好。"照这位国学大师的意思，既然自己不是完美的，就不能用完美去苛求他人，每个人都要有宽大的心胸和洞悉世事的眼界，宽以待人，积极地去反省自己，而不是总去指责他人。

企业的管理者更应该如此。面对如此庞大的员工数量，如果只是一味地盯住每个员工的不足和缺陷不放，总是指责，那是不会换来员工的信任的。贝索斯在谈及自己的员工团队时说道，亚马逊内部没有十全十美的员工，每个员工都曾经因为性格、能力、经验等方面的缺陷而犯过一些错误，或是难以把自己的本职工作做得尽善尽美，指出他们的错误或是不足当然很有必要，也必须督促他们尽快改正或是改进，这一切都无可厚非，对亚马逊和员工个人的发展都十分必要。指出错误不等于指责他人，贝索斯说自己的管理层从不会对犯了错误的员工严加指责，因为他们在想要指责之前都会思考这样一个问题：自己在工作当中是不是

也犯过同样的错误？是不是也有相类似的问题存在？于是有了这样的思考的管理团队是不会随随便便指责自己的员工的，如果管理层本身也存在相似的问题的话，那么这种对员工的指责就难以让员工心服口服，时间长了，员工就会对管理团队产生强烈的内心抵触。为了让团队合作更为完美，贝索斯是坚决反对管理团队随意指责下属的。

相反，贝索斯很鼓励亚马逊的员工进行自我反省，通过自我反省，员工会认识到自己的缺陷所在。认清自己的人也就不会轻易对他人的不足进行无端的指责。连贝索斯自己都说过，自我反省远远比指责他人重要。就自我反省和指责他人，贝索斯制定了以下几条行为准则供自己的员工参考。

1.管理团队要重视自我反省

亚马逊的管理团队在公司内部总是以身作则，率先完成自己的工作任务。管理人员如果发现自己犯了某个错误的话，总是在亚马逊公司的员工面前坦然地进行自我批评，并严格按照团队制度自我处罚，绝不掩饰自己的错误。贝索斯要求自己的管理团队一定要比自己手下的员工更早发现自己的错误，并承认错误，而不能让员工指出管理团队的错误存在时不承认自己的错误，或是只对自己的错误轻描淡写。员工的监督作用就在于发现管理团队的错误，并监督管理团队修正自己的错误。贝索斯用这种态度向自己的员工声明自己的管理团队是勇气十足的团队，勇于承认错误对员工来说也有很强的表率作用，会让员工彻底心服口服。

2.管理团队要在指出员工错误前正视自己的错误

当员工犯错时，贝索斯要求自己的管理团队必须指出他们的错误，只不过在指出之前，先要审视一下自己是不是也有相同的错误存在，先观察自己，再指出他人的不足是贝索斯极为强调的做法。

一般来说，贝索斯要求管理团队在发现员工不足时要先和员工单独谈话，或是坦诚地与其进行交流，先在一种轻松的氛围中让员工放松下来。聊天中，管理团队先向自己的员工坦诚自己的错误和做得不够尽善尽美的地方，让员工在短时间内内心平静下来，员工也会因此感觉与之对话的管理者相当平易近人，很坦诚地在自己的面前坦白自己的错误。贝索斯认为，用这种很轻松的方式与员工聊天，即便是那些不愿自觉承认错误的员工，也会诚心接受管理团队的意见的。在一番坦诚之后，再去指出员工的错误，并鼓励其与自己一同改正错误、一起实践的话，员工会备受鼓舞，就算是不承认错误，修正自己的不足也会有无穷的动力。

贝索斯有时还要求自己的管理团队要在员工会议上反省自己的缺陷，表明自己愿意接受他人意见以及改正的决心，还让员工对管理团队提出改正建议。这种方式无疑需要很大的勇气，不是每个管理团队里的管理者都可以做到，贝索斯就是用这种极端的方式来让管理者了解反省自己的重要性，以及随意指责他人的危害性。管理者若是可以把反省自己看得重于指责他人的话，就一定可以切实践行自己的提议，带头改正自己的错误，这才是优秀的管理团队所呈现出来的面貌。

还要注意的是，贝索斯要求自己的管理团队就算是指出员工的错误，态度也必须诚恳，要让员工体会到自己是在被帮助的那个人，而不是被指责的人。

3.管理团队要重视提升自身素养

管理团队有很高的自身修养才能乐于接受员工的意见和建议，让自

己在品德、个性、学识和业务上都成为员工的榜样。管理团队用自己的实际行动成为员工学习的典范，再去指责员工时，员工才会真诚地接受并努力改正。

贝索斯是个身体力行的管理者，无论是倾听客户的意见，还是技术研发，他总是带着自己的管理团队从最基本的事务开始做起。在这些具体业务中，贝索斯和他的管理团队就会发现可能出现的问题，于是他们通过自身技能和素养的提升来改进自己的工作方式和发展策略。经过从事具体的工作之后，贝索斯和他的管理团队才会真正了解在处理具体事务中的员工会遇到什么样的问题，也就不会对员工妄加指责。亚马逊的管理团队总是希望用这种方式来提升自己，从而能够体验员工的辛苦，增强团队的凝聚力。

取长补短

巨大的亚马逊公司聚集了来自不同区域、具有不同特点、具备不同技能的员工为其服务。贝索斯和管理团队就仿佛是在建造一座大厦一样把其中每一个人的优势进行结合，重视每个人不同的优势和作用，有效地组合起来，汇总所有人的力量建成了亚马逊这座成功的大厦。可以说，亚马逊是在集众人之力，更好地把亚马逊推上成功的巅峰。在这个众人合作的过程中，与其说是发挥众人的优势，还不如说是在不同的人之间取长补短，真正做到 1+1>2 的功效。

在亚马逊的发展历程中，贝索斯一直笃信了十几年的一条原则就是"利用每个人的优势达到目标"的成功之道。而在具体的管理之中，贝索斯也始终不忘用这条原则来管理自己的企业。团队中的每一个成员的优势和劣势都不同，要是管理团队对这一点置之不理的话，完全仅凭自己的直觉去安排任务、分配工作，那么很多员工就难以在自己的岗位上找到自己擅长做的事情，也会因此感叹知音难觅，伯乐难求，整个团队也会因此积极性下降，工作效率降低，最后要承当这个后果的人也还是管理团队。贝索斯让自己的管理团队要了解自己手下的团队的成员的优劣势所在，让所有成员的优劣势互补，优势得到发挥，劣势得到回避，把团队的力量最大限度地挖掘出来，形成无与伦比的合力，来迎接所有的挑战。话虽如此，管理团队要真正做到让所有的成员取长补短、所有成员的扬长避短，事实上并不简单，管理者在管理之前要做出多方面的努力。

1.切记人尽其用

首先要为不同的岗位找到合适的员工，要人尽其用。贝索斯把岗位和员工比喻成了钥匙和锁，要把锁打开就必须有配好的钥匙，钥匙不对，任凭费多大的力也是打不开锁的。因此，管理者要做的第一个努力就是要了解每个岗位的不同特点以及岗位对人才能力的要求，再去了解人才所具备的才能，在对双方都有了充分的了解之后，才能做出判断，为每个岗位寻找合适的人选。管理者做好了这两方面的准备之后，把合适的人放在最适合他的岗位上，每项工作才能在合适的人才的工作当中得以顺利进行，如此一来，管理者不但做到了知人善用，还让工作得以顺利完成，这就是管理者为整个团队作出的最大贡献。

懂得顾全大局的管理者，是贝索斯选拔管理团队时重点考虑的，他会选取那些有团队意识的人作为亚马逊的管理团队负责团队的决策工作；对于那些知识渊博、富有创新意识、敢于直言和分析的人，贝索斯总是让他们作为亚马逊的智囊团；还有那些正直、忠诚、品德高尚的人，贝索斯喜欢让他们从事监督工作，那些拥有很强的执行力、任劳任怨的人，贝索斯会让他们从事秘书等文职工作，等等。如此分配工作，就可以发现贝索斯用人的原则。世上本来就没有无用之人，关键在于管理者如何使用人才，世上也没有无法完成的工作，关键在于选什么人来做。

　　外界对于贝索斯对亚马逊的管理的评价是比较高的。很多曾经在亚马逊工作过的员工，即便已经离开了亚马逊也表示，在亚马逊内部，只要是有一技之长的人，就可以在自己所擅长的岗位上大显身手。贝索斯常常给自己的管理团队举福布斯集团的老板马孔·福布斯的例子作为说明，尤其是福布斯任用自己的弟弟华里士·福布斯的例子是亚马逊管理团队最熟悉的管理事例。华里士毕业于著名的高校哈佛大学，并取得了工商管理硕士学位，工作经验也十分丰富。照外界的传言，他的哥哥福布斯应该会让自己的弟弟在自己的集团里出任高管，但福布斯的做法却出乎所有人的意料，他只是让弟弟在福布斯集团里做了投资部副主管，仅仅是处理相关业务。更让人意料不到的是，他的弟弟也很欣然地接受了哥哥的任用和安排，并没有提出异议，还和投资部的主管雷耶夫的关系十分融洽。有人问过福布斯，为什么要这么安排自己的弟弟，福布斯的回答很简单，一切都是出于福布斯集团的工作需要考虑的，弟弟的优势在于企划，相比之下高层管理不是他所擅长的。

贝索斯给自己的管理层举福布斯的例子就是为了借鉴福布斯的做法。福布斯十分了解自己的弟弟，更是对弟弟的个性和教育背景了然于心，他知道福布斯集团的哪个职位更适合自己的弟弟，于是为弟弟安排了一个既合适又让弟弟满意的工作。贝索斯在举这个事例的时候总会说道，一个干着自己喜欢且能够胜任的工作的人是很幸福的，这种幸福感远远超过了身在高职却始终难以胜任的工作的感受。贝索斯让自己的管理团队明白，为员工安排工作，一定要让员工感受到自己喜欢且擅长的工作中的幸福感，让他们在自己所从事的岗位上施展自己的才华，获得极高的成就感和幸福感。

2.团队中的取长补短

团队中的成员个性、能力各异，彼此的优缺点差异很大。贝索斯的管理团队很善于把这些个性各异的成员进行优势互补，彼此扬长补短，让团队中的人才得到合理优化配置，这对达到团队的目标是十分有利的。

要做到有效的取长补短，贝索斯给亚马逊的管理团队提出了几点要求：（1）充分了解员工的优缺点。有了对团队成员的充分了解之后才能根据个性、能力等方面的不同安排工作，取长补短。管理团队根据自己的了解和分析来安排事宜，把性格、能力互补的人安排在一起，就可以避免因为性格冲突而造成的工作失误或是工作延误，让员工在工作过程中通力协作，营造良好的工作气氛，发挥各自的长处，弥补各自的不足，彼此协作，相得益彰，保质保量地完成工作任务。（2）员工的能力和个性判断不能仅仅依靠学历或是专业背景来断定，用单一的标准判断出来的结果或许存在偏颇。一般来说，一项复杂的工作是需要多种复

杂的能力一同完成的，因此要对员工的能力和个性做一个全面的了解，才能合理分工，让员工的优势和工作任务完美地对上号，最终做到优势互补，提高效率。

3.缺点有时也会变成优点

谁都讨厌缺点，贝索斯却不这么认为，在他眼里，缺点如果得到巧妙的利用，有时候也会变成优点。有了缺点并不可怕，因为谁都不可能没有一点缺点，或是可以避开缺点，它们总是在人们的生活中如影相随。与其去憎恨自己的缺点，不如想想办法去好好利用它们，或许它们也可能在某种情况下发挥出自己的积极作用。

第十四章
创 造 力
——用接受失败的代价去换取

　　贝索斯似乎天生就不惧怕什么，他不怕亚马逊亏损，不怕亚马逊失败，不怕亚马逊被人怀疑，因为他明白，从长远来看，创造力的铸就就需要有这些代价来换取。所谓失败是成功之母，贝索斯勇于用自己的失败去换来亚马逊独一无二的创新能力。

无所畏惧的勇者

　　"我基本是一个乐观的人。" 18 年来，亚马逊遭遇过一次又一次危机和质疑，面对这些挫折，贝索斯总是以一种乐观、积极的心态出现。亚马逊无论是市值蒸发 80%，还是业绩一直平平，贝索斯始终坚持自己最初的判断，这么多年来，他每年给股东写的信中的内容都表现出自己的笃信和远见，包括他对亚马逊整个公司多年的坚持和执行力。贝索斯是个勇者，他打定了主意要把亚马逊塑造成一个始终为客户体验考虑的

公司，他也是这么做的。在互联网经济泡沫的时期，他仍然无惧无畏地坚持着眼于长远，还是把亚马逊的主要业务集中在 3 个领域，即传统网络零售业务系统支持，流式视频和其他媒体业务、产品开发以及最先进的云计算服务技术基础架构，并投入大量的资金和人力进行开发和业务扩张。实际上，一直在坚持的贝索斯所付出的代价也是十分巨大的，专注于长期利益，就必然要牺牲短期利益，大量的流动资金被投入物流和网络等服务的亚马逊，所承受的结果就是连续 8 年的亏损。贝索斯面对如此巨大的亏损，丝毫没有退让的意思，早期在贝索斯手下工作的埃里克·贝斯特就说过："贝索斯的眼光让很多人看来是难以置信的，只要他坚信什么，就会投入巨额的资金和资源。我从来不曾怀疑过亚马逊的任何可能性。"

贝索斯关于领导力的 10 句箴言，从这当中也能看出贝索斯的勇气，他说过："如果你想变得有创造力，那你必须愿意接受失败。"从贝索斯创业的第一天起，他就对创业中的困难毫不惧怕。在亚马逊早期，公司聘请过很多编辑来撰写书评和乐评，后来贝索斯又决定用客户的点评去取代专业人士的乐评和书评，在这个过程中，亚马逊经历了一段很曲折的过程，但最终贝索斯找到了最佳的方案。另外，亚马逊在涉足拍卖业的时候，多次尝试也终告失败。所有这些失败可能在别人看来会吓退不少胆小的创业者，贝索斯很明显不属于那群人，更多时候，他很欣赏自己曾经经历过的这些失败，把失败视作自己生活中的一个部分，一个能够让自己和亚马逊学到不少东西的重要部分。

贝索斯一次又一次地向外界显示了他与生俱来的强悍和乐观，他的眼神里仿佛就说明了亚马逊从来就不惧怕挑战。早在 1999 年，就在贝索斯坐上当年《时代》周刊的风云人物宝座的那一年，他的笑脸背后其实隐藏着亚马逊将会有高达 3.5 亿美元的亏损额以及华尔街众多分析家对他雄心勃勃的扩张计划的批评，他们甚至怀疑亚马逊最后是否能赢利。

或许是遭遇这样的怀疑和批评次数太多了，贝索斯从未因此而感到胆怯，他相信亚马逊是有未来的，也相信自己的判断最终将被证明是正确的。在他的眼里，世界上有些事情要用"亚马逊方式"来解决，也就是要有长远的眼光。这样的方式总是让亚马逊站在行业的风口浪尖，面临了无数未知的挑战，其中最大的挑战就来自于传统观念和传统模式，亚马逊要在市场竞争中获得胜利就必须跨过传统这道门槛。

见过贝索斯的人都说过，贝索斯看起来一点儿架子都没有，但他的眼神始终炯炯有神，那是贝索斯最标志性的眼神，无人可以模仿，那是独一无二的不畏惧的眼神。即使有时候，他的眼神看起来那样漫不经心、缥缈不定，很可能在那一秒钟，他的脑海里就可能闪过无数种想法，而这些想法当中就一定有不少是让人难以置信的。

在收购卓越的时候，中国业界就认为贝索斯这次的中国扩张一定不会成功，把他和亚马逊称为"消防员"，称其就是为了拯救亏损已经高达 9000 万元的卓越而来的。这一切的传言和关于亚马逊在中国是否能站得稳脚跟的种种揣测在贝索斯和亚马逊进入中国市场之前就已经铺天盖地，而贝索斯却看起来似乎毫不关心一般。在亚马逊收购了卓越 3 年以后，贝索斯才对自己的公司进入中国市场发表了自己的看法："我的感觉是过去的 3 年，亚马逊在中国的发展很好，中国也是亚马逊所有市场中增长最快的市场。亚马逊在中国有长期的发展计划，资金方面会源

源不断地投入，促使它进一步地更快发展。"很难想象，这个在收购卓越3年后才到中国来看看的老板，居然在谈及自己中国市场的发展时有如此信心。

《时代》周刊的主编沃尔特认为："亚马逊没有利润或是整个公司或许就被看作是个大泡沫，这本身就已经是翁罗致富故事的一个部分。亚马逊首席执行官贝索斯，是那些数以万计的公司名称后面带点的、不赚钱却有很高市值的网络公司的象征……贝索斯就是这么一个角色，他不仅改变了我们现有的行事方法，而且帮助我们铺就了通向未来的道路。"打开亚马逊的财务报告就会发现，亚马逊在上市后的1998年到2001年运营亏损累计19.89亿美元，2002年的运营利润是17.4亿美元。从这个数据的比较来看，就会发现这个曾经被外界称作是国际著名的前亏损大王已经扭亏为盈了，慢慢开始赢利了，也差不多把此前亏损的钱都赚回来了。现在贝索斯要解决的问题不是钱够不够的问题，而是如何把手上的钱怎么花出去、怎么花才花得好。

这个无所畏惧的人创造的奇迹让所有人为之震惊，他的勇气可以为后来的众多创业者膜拜。

创新高于一切

处于变化的时代当中，企业要必须具备创新精神以应对各种变化，企业要长青，就需要管理者把握创新的本质，不断去超越自己。贝索斯在谈及亚马逊的创新时，对愿景执着，对细节灵活。曾经有股东在亚马逊股东大会上直接问贝索斯，亚马逊是否会继续冒险，贝索斯的回答是："如果亚马逊的理念仍旧是大胆下注，我预计会有些计划无法成功，但我还没看到这种情况。所以我的问题是，失败的项目在哪里？"在这个创新已经几乎成为所有行业主题的时代，企业管理就需要不断创新，才能赶得上时代潮流，企业才会充满生机和活力。总在老路上徘徊不是贝索斯的做法，创新作为贝索斯的一种基本职能，并非是他一个人的个人癖好，而是由他所处的社会经济环境所决定的。商品经济的本质是经济变动的一种形式或方式，是鼓励、刺激和强迫人们创新的一种制度，在这种经济形态下的企业如果要长久发展下去，就必须有一个具备创新精神的管理者。

贝索斯在介绍亚马逊的创新时，总是很自豪地说亚马逊的创新项目一直都运行得很好，例如 AWS（亚马逊网页服务）和 Kindle（电子阅览器），其中九成以上的创新都是以渐进的方式进行的，而且亚马逊都用各种方式在尽量降低创新的风险。贝索斯知道如何在亚马逊内部开展新的产品类别开发，如何开拓新地域的业务。虽然不是所有的创新项目都可以保证一定可以成功，但贝索斯只要保证有丰富的专业技术和知识就可以了，接下去要做的就是基于运营历史数据来运行各种量化分析，所以说亚马逊的每一项创新项目都不仅是依靠直觉来判断的。

贝索斯是如何让自己的亚马逊始终具备创新精神呢？

1.掌握资讯是创新的前提

商品经济的一个重要特点就是信息爆炸，企业若是把握不了资讯就无法了解市场动态和行业的发展趋势。在这样的背景下，作为资讯最为

丰富的互联网行业自然更要迅速了解彼此的信息和发展动态，亚马逊在面对每一次的变化和资讯的反应都是迅速的，这是贝索斯一贯的作风，贝索斯的反应都是针对外界的变化或是外界的反应进行的，他决不会闭门造车而让亚马逊因为消息闭塞而导致错误的决策，最终断送掉自己的前途。贝索斯是个量化的分析家，他充分认识到了当今时代的"巨变"特征，信息的重要性也引起了他足够的重视，他总是要求自己的员工通过图书、报刊、电视、网络以及市场反馈等途径获取第一手的材料，并在这些信息的基础上认真分析，把握市场发展的趋势和动态，从中洞察出创新的可能。此外，贝索斯从来不墨守成规，他有着开阔的眼界，可以从不同的见闻中了解新事物和新思想，并接受它们。乐于尝试新鲜事物的亚马逊总是会给客户和市场带来惊喜，亚马逊的服务总会给这个世界带来可喜的变化。慢慢地，亚马逊的团队的创新意识就得以培养，再依靠原本雄厚的技术支持和丰富的管理经验，成为行业巨头的亚马逊不是没有理由的。

亚马逊在启动 Kindle 项目的时候，希望通过该电子阅览器的退出更大地方便读者的信息阅读需求，但在项目上马之初，不但外部环境不是太看好贝索斯的想法，就连亚马逊内部的很多股东也表示怀疑。他们认为贝索斯是要下赌，这个赌注的风险很大，有可能会赌上整个亚马逊。贝索斯对此只是表示，如果这场赌注下得够多且够早，没有一个赌注需要把整个公司都押上，一旦需要押上整个亚马逊公司的话，那说明这个公司已经失去了创新能力，也说明这个公司已经被这个行业淘汰了。

贝索斯的话绝非没有道理，他是在考察了众多客户的反馈之后才提出 Kindle 项目的，他说过一个公司如果常常创新且愿意去承担创新带来的失败，就不至于会在某个时间点把整个公司的命运赌上。只有那种不够了解市场情况、盲目提出项目、无视客户需求的项目才会让自己的公司到了不能负担赌注的地步，那种恶劣的情况往往要比自己可能想象的恶劣情况还要恶劣。所以，亚马逊喜欢创新，愿意创新，每一次创新都不是无本之木，必须从客户的角度去进行逆思考，把握市场和客户的资讯，重要的是要承受长时间的误解。

一个企业之所以有大胆创新的思路，重点是要去收集消费者的意见，从而产生研发灵感。贝索斯就是大胆地把自己的目光投向外界，充分考虑客户的需要，了解他们的消费倾向，来获取亚马逊的创新机会，这无疑是管理者利用创新思维而成功的一个案例。

2.别忽略知识型员工的作用

亚马逊的创新从来就不只是贝索斯一个人的事情，创新是亚马逊整个公司的整体命题。贝索斯一直都以自己有一个具备丰富专业知识和技能的团队而感到自豪，因为这个团队几乎每一次都从技术层面实现贝索斯几近疯狂的想法。团队中知识型的员工似乎是最为引人关注的。这些以知识和技术为主要优势的员工对事物的发展规律比起其他员工有着更深的见解，也必然比其他人更具有创新精神。贝索斯在公司内部很尊重这一部分员工，实际上这是对知识和创新的一种尊重的表现，他希望其他的员工都向这些知识型的员工学习，转变传统思路、理解并接受他们的新思想，贝索斯自己本身也在向这些员工学习，他在决策之前都会多多考虑这些人的意见，集思广益，以便于拿出更有创意、更有成效的最佳方案。

向知识型的员工学习创新，贝索斯是为了在亚马逊内部梳理"以人文本"思想的一个具体做法。贝索斯希望在自己的公司内部实行人性化管理，转变传统的管理模式，在保证公司在管理秩序的前提之下给每个员工适当的自由发挥空间，因此他总是以平等的态度去对待每一位员工，相信和尊重他们，即使发现小错误也表现出足够的宽容，让他们可以有表达自己意见的权利，鼓励他们对公司的发展提出意见和建议。只有这样才能留住亚马逊内部最优秀的员工，积极地为亚马逊效力。

3.自身创新机制的培养

人类智慧中最核心的部分就是创造性思维，它会帮助人们在遇到问题的时候从多角度、多个层面展开全方位的思维，甚至是逆向思维所获得的解决方案。贝索斯不会不明白创造性思维的重要性，亚马逊是个很注重创新的企业，贝索斯最强调的就是创造性思维中的创造二字，也就是说这种思维方式具有常规思维无法比拟的创新能力，它在充分的知识和经验的基础上，不受传统经验的约束，提出独特的见解，让问题有突破性的进展。贝索斯需要这样的人才为亚马逊创造一条绝无仅有的创新性路线。

创造性思维通常是一种创造性的高级思维形式，但说起来，它仍是一种人类常见的心理机制，仍然可以通过日常的培养来获得。就像卓别林曾经说过："其实思考和拉提琴或是弹钢琴相似，它可以每天练习。贝索斯对员工的培训中，就很重视员工的创造性思维的后天培养和增强。贝索斯发现只要自己严格要求员工进行创造性思维的培养，多多要求他们锻炼自己的思维，就可以增强员工的创新性思维的能力。一般来说，创造性思维的培养方法很多，贝索斯总结了一套自己的方法，主要是便于亚马逊日常操作：首先是重视想象的作用，创造性思维源于一种天马行空的思考方式；第二，提倡发散性思维，贝索斯要员工在面对问题时不能只是在"一棵树上吊死"，必须全面地对问题发起进攻；第三，生活中的积累也不容忽视，贝索斯总是习惯细心地观察周围发生的细微变化，锻炼自己的直觉；第四，逆向思维的培养很重要；第五，学会换位思考，利用心理换位可以通过批判思维来催生创造性思维。

贝索斯一向注重从实战的角度让员工分析问题，尤其在创新管理上表现出了很高的热情。亚马逊的发展历程告诉亚马逊，创新性思维是一个企业制胜的绝对法宝，只有跟上了时代的脚步才能不被行业所抛弃，这样的企业才会长青。

创新需要机制做保障

有人对亚马逊的创新提出过质疑，他们认为亚马逊内部只有贝索斯的创新能力存在，而其他员工的创新能力都不值得一提。贝索斯自然是不同意这样的说法，亚马逊的创新尽管很多时候在外界表现出来最突出的当然是贝索斯和他的管理团队，但这绝不只是一个个人行为，而是整个亚马逊的公司行为。贝索斯从不认为创新只是某个聪明的脑袋灵感的突然泄露，它实际上是通过一个正规化、常规化的操作程序才能做到的。在互联网时代，亚马逊在面临层出不穷的变化的时候，总是在要求自己的企业要不断革新经营机制，以便跟上飞速发展的社会。锐意进取

的亚马逊在贝索斯掌握了创新这一企业发展的动力之后顺藤摸瓜，带着自己的管理团队找到最适合亚马逊发展的创新之路，以求他的长期利益得以实现。贝索斯的魄力就在于破除常规、推陈出新，把亚马逊的创新机制作为企业发展的重点予以足够的重视。

对亚马逊来说，贝索斯的创新机制很是奇特，他提出的创新保障机制是"节俭创新"，很多人对他提出的这一方案感到很是不悦，因为并不是所有人都能赞同他的做法。贝索斯知道在自己创办亚马逊的前13年历史里，他有近一半的时间在华尔街都不太得志，原因就是他始终坚持为亚马逊有能力支持新的项目和服务注入大量资金。贝索斯似乎笑到了最后，不但成为了电子商务业界不折不扣的龙头老大，而且这位首席执行官着手启动了亚马逊历史上最雄心勃勃的新议论增长计划，根据这个计划，亚马逊和新兴的几个公司以及大公司携手，推销自己的业务。

对于亚马逊来说，贝索斯永远都不认为创新有时机好坏之分，不论身处顺境还是逆境，都应该围绕客户关心的事情来进行创新，这是亚马逊根深蒂固的信念，贝索斯说过这一切别无选择。所谓的节俭创新，贝索斯是如何把节俭应用到创新当中去的呢？贝索斯说，节俭可以促进创新，就好像是其他困难对创新所起的作用一样，要走出困境只能是自谋出路。贝索斯表示在亚马逊最初招揽顾客的时候，由于缺乏资金打广告，他们就用了联盟计划，允许任何一家网站和亚马逊链接，亚马逊再给它们一定的分成。后来亚马逊又发明了一键式购物，可以让购物结账更加方便快捷。而对那些来自华尔街、媒体和其他方面对此的批评，贝索斯则一概泰然处之。他并不惧怕外界的误解，毕竟自己是在做一件前人从未做过的事情，他人的误解是很正常的，新鲜事物总是有人怀疑的。

实际上，创新机制作用的发挥是需要通过多个层面的作用来发挥的，贝索斯就总结出了一套方法。

1.市场的作用

市场对于企业的作用主要凸显在供求关系的变化以及企业的竞争，再对企业的创新机制起到刺激作用。亚马逊对于市场的反应比起他人来说总是迅速很多，他会比其他企业更懂得降低成本，提高自己的服务质量。电子商务行业的服务竞争的核心是服务的竞争，如果不能在如此激烈的竞争当中对技术创新、服务创新、市场创新和理念创新提出一定的要求的话，就不能有新的服务和新的技术推出，亚马逊也就不可能始终在行业当中占据优势。如果说服务质量的提升是衡量亚马逊创新能力的一个重要标准的话，那么创新能力的高低就直接影响了亚马逊在市场竞争中的胜败。

2.制度的激励

创新是需要制度保障的，这点在前文中就已经提到过了，贝索斯在亚马逊内部制订了一整套完整的制度用于保证亚马逊的创新能力。通俗地说，制度保障下的激励作用在于贝索斯通过各种制度激发员工认真思考、力求创新的积极性，并以此来保证亚马逊可以持续创新，实现长期的发展目标。这也是贝索斯实现亚马逊长远计划中的最重要一步。具体来说，制度激励在亚马逊内部主要的形式是现金、股份奖励和提升职位等方法，贝索斯利用这些方式来激励自己的员工要锐意创新，为亚马逊的发展献计献策。有如此制度的保证，亚马逊的员工就可以最大限度地发挥自己的特长，人人创新，亚马逊自然也就是个富有活力的创新型企

业。

创新的力量是巨大的，对亚马逊的成功也有很大的作用，有时候可能看起来不过是小小的一点儿建议都可以给亚马逊带来非常惊喜的收益。所以，贝索斯无论如何都不会放弃对亚马逊创新的内部机制的刺激作用，这种机制可以保证每个员工发挥每个人的创新潜能，为亚马逊创造出更大的利润。

除了内部制度外，贝索斯也对亚马逊发展的外部制度提出了自己的看法。外在的制度似乎不像内部的制度一般固化且稳定，而且甚至有些并不能看得见，但贝索斯未因此而忘记它的存在，忘记它对企业创新的影响。贝索斯就曾不止一次地提到当前市场上的专利大战时代已经阻碍了创新的发展。在接受英国报纸《Metro》的采访时，贝索斯就表示政府要采取相应的行动，结束互联网行业众多的专利诉讼大战。"专利本身就是用于鼓励创新的，但现在我们所处的环境似乎已经开始阻碍创新的发展。政府或许需要重新审视现有的专利系统，看看有哪些法规需要继续完善。因为，我认为部分专利讼诉不利于社会的健康发展。我热爱科技、热爱发明，并热衷于快速变化的事物。应该说，现在的确是无线和移动设备发展的黄金时期。"既然这是黄金时期，贝索斯如此说，就不希望外部的制度会制约自己的企业以及业界其他企业的发展。他告诉《Metro》："专利诉讼已经对业内的创新和社会构成了危险。"

3.科技的推动

一个崇尚创新的企业一定少不了科技的推动，不论这作用是大还是小，都可以为自己企业的创新提供有力的工具。对亚马逊来说，了解客户需求的目的在于给亚马逊科技进步带来原动力，科技创新可以为亚马逊提供服务的保障，同样，亚马逊根据市场的需求，运用自己创新的技术为客户服务，让客户感受到更优质的服务。贝索斯认为先进的科技水平是亚马逊创新所必不可少的一个条件，尽管更多时候，贝索斯考虑的是亚马逊对客户体验的一种重视，在重视背后，还是需要应用科技创新来推动，贝索斯也从未否认过科技创新是亚马逊生存和发展的保证。亚马逊的创新即便在业界不是太突出，但也算是互联网业界公认的比较有创新能力的一家公司。

　　既然是创新型的企业，亚马逊不论说多少次要依靠市场的拉动，还是客户的体验或是制度的激励，归根结底都还是要依靠技术作为最基础的支持，因为技术仍是最终决定创新是不是可以成为亚马逊的根本推动力，以及企业兴衰成败的最重要标准。亚马逊的市场竞争能力能够最终成为世界级，并在客户当中赢得很广阔的市场，都是贝索斯重视科技创新作用，并善于利用的结果，科技创新可以为贝索斯的亚马逊创造无限的价值。目前的市场竞争，创新已经和亚马逊企业的利润和竞争紧密挂钩，利润可以推动亚马逊创新，只有在利润目标的刺激下，亚马逊才能顺利地从事创新活动，缺乏创新活动的话，亚马逊也就因此缺乏经营的内动力，说白了就失去了竞争力。从传统观念来看，亚马逊是在为了利润从事创新，这并不罕见，但对贝索斯来说，一切都是天经地义，何况利润来自客户，更多的是客户体验带来的利润。

创新在于培养核心竞争力

　　亚马逊之所以在竞争中有了持续的进步，就在于创新给亚马逊培育了很高的核心竞争力，贝索斯就强调过创新对亚马逊的发展意义十分巨大。亚马逊能否在全球竞争当中打造属于自己的形象，能否在全球的企业竞争中找到自己的位置，重点就在于他能否通过技术、商务等方面的创新获得核心竞争力。

　　贝索斯在打造亚马逊的核心竞争力的时候，考虑的问题非常多，这是他作为一个企业家异于常人的地方，他总是让自己担负很重的责任。从亚马逊的整体利益到员工的利益，都和他的决定和管理模式有非常直接的关系。这并不奇怪，著名的经济学家郎咸平教授在提到亚马逊的模式时就提道："伟大的企业家总是常人难以想象地处心积虑。"贝索斯就是个"处心积虑"的人，无论在什么时候，他都想让企业和员工获得长久的利益，从而保证亚马逊的根基牢靠，保证亚马逊企业的长青。

　　美国著名的管理专家吉姆·柯林斯写过一本名为《基业长青》的书籍，这本书几乎被西方的管理学界奉为管理学的"圣经"，该书最重要的观点就是"保存核心，刺激进步"，他在书中提到的核心就是核心竞争力，关于核心竞争力，柯林斯给出的定义是："核心价值=核心价值观+使命"，"核心价值观=组织长盛不衰的根本信条，不能为了短期权益而自毁立场"，柯林斯提出核心价值是企业强大自己的根基。贝索斯的亚马逊是否真的做到了强大自己的竞争力呢？根据柯林斯的理论，一个简单的衡量标准就是看看它是否具备强调的核心价值观和核心竞争能力，因此这两者都是决定亚马逊能否在经历过市场浪潮的洗礼后仍然能否历久弥新、立于不败之地的根本性因素。亚马逊在很长一段时间都在市场上占据有利的地位，这也说明它确实拥有这个世界上最有意义的核心理念，否则它将很快被这个残酷的市场所淘汰。

　　核心价值观念和核心竞争力两者的重要性，似乎在业界并不只有贝索斯认识到了。惠普的创始人之一比尔·休利特在回忆自己的创业历程时说过："回首一生的工作，最让我感到自豪骄傲的大概就是我创建了这样的一家公司，它依靠自己的价值、实践和成功给全世界公司运营带来了绝大影响。"惠普模式所反映出来的理念是企业本身要远比产品重要得多，它作为一种传统模式已经被大多数的管理者认可。相对于惠普模式，亚马逊模式如今似乎更受到更多年轻创业者的欢迎。亚马逊的核心价值观中包含了对社会的责任感、对个人的尊重和对技术贡献的欢迎。贝索斯说过，对亚马逊来说，利润和流动资金就好比是人体内的血和水，对生命而言，二者缺一不可，但它们始终都不是生命的目标。生命还在于追求更高的东西。

　　不断地快速扩充而将盈余列在其次的积极拓展态度是贝索斯经营亚马逊的主要文化精神。简单地说，贝索斯要求的核心理念是："大，还要再大。"这种大不是无谓的放大，也不是对利润孜孜不倦地追求，而是在利润最大化的情况下，让亚马逊的核心竞争力进一步增强的做法。贝索斯所说的大，实际上就是在亚马逊这个虚拟实景的平台能够吸引到

更多的客户通过一个小小的决定进行消费。可以想象，在虚拟的环境下，人们只是用电脑操作来实现消费，来实现买卖，而这中间有太多不确定的因素，没有核心竞争力和自我核心价值观的企业很容易就在这场竞争中败退下来。贝索斯经过自己的摸索和发展，让亚马逊能够为客户提供更低的折扣，享受更为个性化的服务，这本身就是亚马逊核心价值理念的一个体现。

在技术发展的基础上，贝索斯也在思考如何随着时代的变化去调整适应社会，不过亚马逊的核心价值观始终没有因此而做出一点点的改变。这又是怎么做到的呢？了解亚马逊的人发现贝索斯在变化中以不变应万变的办法在于以下几点。

一、核心价值观的形成固然不难，但是要在变化着的市场形势中守住核心价值观是比较难的。亚马逊总是可以在面对未知的未来时恪守着自己的核心价值观。简单地说，贝索斯是用自己的信念守住了亚马逊的核心价值观，让亚马逊始终不偏离自己的想法而顺利发展。

二、核心价值观不变，不代表总是墨守成规、一成不变。毕竟外界的环境一直在变化，贝索斯在守住自己核心价值观的同时也要考虑转变自己的经营模式和营销策略，设定一个与亚马逊的核心价值观相一致的宏大创新目标，并努力去实现它。

贝索斯始终执着地守护着亚马逊的核心价值观，这一点，他做得几近疯狂。与此同时，他也不忘适时地调整商业策略和运营方式。从最初的书店的姿态，到1998年开始进入影音市场、售卖CD，再到1999年进军玩具和电子产品销售市场，到后来的包罗万象的销售平台，亚马逊不断地在调整着自己的定位和销售方式。这一切巨变，让亚马逊攀上了一个接一个的新台阶，也在慢慢地转变着人们传统消费的观念，成了在线零售行业的一个奇迹。

三、变革和创新也是坚守核心价值观的另一种表现。亚马逊要始终保持活力，在激烈的市场竞争中保持不败，恪守核心价值观是一个方面，更重要的一个方面就是要坚持变革和创新。当然，对于贝索斯来说，变革不都是可以促进亚马逊前进的动力，它是一把双刃剑，只有主动去争取它的人才可能把自己的企业推向市场最前沿，因为这样的企业每时每刻都在准备推出自己的新的服务，以及个性化的产品，时时提醒自己要对目前的不足和缺陷进行改进，降低相应的服务成本，提高本企业的竞争力，在这种情况下，企业的创新才能收获良好的经济收益，促进企业更好地发展。

无论是亚马逊还是其他企业，发展壮大都离不开创新和企业的核心竞争力。这一点已经被亚马逊用无数的例子证明过无数次。亚马逊成为电子商业界的个中翘楚，能够在商业史上写下如此漂亮的一页，都是因为它看到了创新对核心竞争力的作用所在。尽管在市场竞争恶化、全球经济衰退等外部因素的影响下，亚马逊也不免在其中受到不少的影响，可是贝索斯始终相信只要亚马逊能够恪守住自己的核心价值观，保持持续的创新精神和变革动力的话，不断去调整和转变自我的经营模式和发展思路，就一定会在市场当中表现得非常出色，在瞬息万变的网络经营当中闯出一片令人艳羡的天地。贝索斯强调创新的管理模式，就是要让亚马逊时刻都保持先进的管理模式，保证它自身的核心竞争力，保证亚马逊长期稳定地发展。

在创新中实现自我

亚马逊的员工都被贝索斯要求在工作中发现乐趣，贝索斯告诉每个进入亚马逊的员工，无论从事什么岗位的工作，都有自己独特的趣味，只要全身心投入就会体会到这个工作任务中特殊的味道，在掌握了相应的知识和技能之后，就会开始熟悉身边越来越多的人和事，而那其中最值得回忆和回味的故事就会慢慢浮现。若是能够掌握更多的知识和技能，而且在此基础上得到进一步巩固的话，当工作中自己所遇到的问题一个个迎刃而解的时候，员工们就会体会到工作所带来的成就感，也能感受到工作的乐趣和自己的进步。在工作中，员工彼此之间频繁地接触，上司、同事、下属之间关系和谐的话，工作的乐趣也会不言而喻的。贝索斯以此来让员工感受到创新中实现自我的方式。

在亚马逊，会发现那些对工作投入最多热情的员工往往都是最能够高效完成工作任务，并能够额外承担工作任务的人。贝索斯对这样的人欣赏有加，他总是针对他们所取得的工作业绩给予他们较高的报酬以及晋升的机会。反过来说，贝索斯所提供的激励也会成为员工下一步努力工作的动机，只不过到了下一步工作时，员工就已经不再只是简单地工作，而是在工作中达到目标以后，也意外收获了自信、成就感和他人的尊敬。说起来，这就像是个良性循环，激励和自我实现彼此互相促进、互相推动，二者之间的积极激励成为了创新的助推力。

有人说管理从思想上说是哲学的，从理论上讲是科学的，而从操作上来讲是艺术的。贝索斯在培养员工创新力上的做法堪称艺术家的行为。

要做到如此的良性循环，不可忽视的一点就是怎样激起员工对工作的激情，如何让员工全身心投入到工作当中去，贝索斯注意到，这一切的前提就是工作能否引起员工最大的兴趣。亚马逊的很多员工对贝索斯的苛刻要求十分熟悉，贝索斯的节俭经营也给所有员工留下了很深的印象。外界就有人对亚马逊内部员工的工作热情产生怀疑，如此"抠门"的贝索斯，是否有人真心为亚马逊投入热情，全心全意地工作？如果亚马逊员工只把自己的工作当成是谋生的工作，只是为了从自己的劳动中获取报酬，满足自己的生活基本需求的话，工作就只是他们为了生存而做的事情，就很难去谈热情或兴趣，员工只会感觉工作极其乏味无聊。员工在这种状态下是不会为工作投入自己的热情的，工作缺少乐趣，员工甚至厌倦工作，工作业绩也仅仅维持在完成业绩的程度，不会有更高的追求，在工作中由于缺少成就感，总是感到空虚、彷徨，自卑心理容易产生，最终自暴自弃。贝索斯对这样的方式怎么会满意？何况在亚马逊内部，员工的工作状态确实和外界所形容的不太一样，很多员工还是乐于把自己的工作当做艺术品一样精心雕琢，潜心研究，在自己的成果得到大多数人，特别是客户的赞叹时发自内心地为自己感到骄傲和自豪。贝索斯调动的其实就是员工对工作的兴趣和激情，成功便由此诞生，成功是和员工全身心投入工作的努力分不开的。

具体来说，贝索斯调动亚马逊员工激情的做法有以下几种方式。

1.要对工作保持热情

亚马逊员工的工作热情最终还是源于积极向上的心态。亚马逊企业内部的企业文化总是在激励员工们用积极的态度去对待自己的工作以及自己的客户。当员工无限热爱自己的工作时，才会把自己的热情化为工作中充沛的精力，才会感受到工作能够给自己带来的快乐，同时自己在工作中的自我实现的成就感。有了这般正面的力量，又怎么可能不能高效地完成工作任务呢？

当然，贝索斯也明白不是每个员工都会在企业文化的影响之下爱上自己的工作。员工的情况总是各异的，每个人的兴趣也有很大的差异，可能亚马逊针对个人的特点给员工分配的工作并非员工自己所喜爱的岗位，也或者员工根本不认为自己可以胜任这个岗位的工作。只是，这些在贝索斯看来并不是最大的影响因素，很多时候，人暂时无法选择工作内容，但是可以选择自己的工作心态，心态是可以自己调整的，这和从事什么工作没有什么关系。无论是什么工作，调整好自己的心态，用积极的态度去面对和投入，专注而热情地做事就会让人感觉工作是无比的快乐。贝索斯感觉并不是员工自身认为有趣的事情才会激起员工的热情，那些看上去似乎单调乏味的工作也值得人们为它们付出热情，只要全身心投入工作，以一种真心快乐的心态面对它们也会发现其中的乐趣，还可能做得更好。这些原本并不是很能够引起人们兴趣的工作也会帮助亚马逊员工逐渐成长，最终实现自我和提高自我。

2.在工作中完成自我认识

在工作中完成自我认知实际上就是发现自己的优势和劣势。不论是谁，都有很大的潜能，有时候之所以没被发现，只不过是还没到时机没被挖掘出来而已。贝索斯希望亚马逊内部充分挖掘所有人的优点，在工作中完成个人成长的过程，让员工在为客户服务的过程中渐渐发现自己、认识自己，找到自身最合适的定位。工作中总会产生各种各样的困难，在克服这些困难的过程中，人们会对自己的能力有一个重新定位，这就是最直接的认识自我的过程。认真钻研、认真思考并为此付出努力去学习各种知识和技术的时候，很容易发现自己从前从未显露过的分析能力、动手能力、学习能力和创新能力。

3.感受他人的快乐

亚马逊的工作基本都是以工作团队的形式出现的，员工总是和众多的同事一起合作来完成工作任务的。贝索斯要求员工除了要全身心投入工作以外，还要和同事一同紧密合作、团结和谐、友好相处。如此一来，可以加强同事之间的彼此关系，还可以提升团队的凝聚力。另外，同事之间彼此用心工作，彼此之间友好的态度也会因此感受到彼此的默契，彼此感到工作中的快乐。这就是贝索斯所说的他人给予的快乐。团队的工作业绩显著，员工就可以在团队当中发现自己的上司、亲人还有朋友会因为自己的一点点成功而感到无比的快乐。同样地，自己也会为自己的成就感到无比快乐，这是一种无可比拟的快乐。

只为生存而工作的人是很难在工作中找到乐趣的，并产生工作热情的，这样的人在事业上也很难有所建树。李开复就说过："我辛勤工作，不是因为我贫穷，而是因为我充满激情。"贝索斯也承认有工作热情的人才是能够激发创造才能的人，也是能够在工作中获得成功的人。贝索斯通过员工的表现总结发现，一般业绩突出的员工都不仅仅是因为生存而在工作中付出自己的努力、积极地工作都和一个人的热情和激情

有关，全心投入而更高效地完成了更多的事情，相比于一些普通的员工来说，他们更愿意为了更好地工作而积极开动大脑，对工作的相关内容进行思考，提出富有创意的想法和方案，去解决在工作中出现的一系列问题，开拓自己事业的全新领域，提升自己的事业高度。实际上，工作中的成功和快感都来自于努力工作，只要努力工作就能获得比他人更多的快乐。工作中的快乐，就是贝索斯所说的工作中的成就感，赢得客户和同事的尊重。

有责任感的员工在贝索斯看来是敬业的人，不论做什么工作，都可以尽心尽力去做，即便在他人看起来很是枯燥的工作，他们也能从中获取自我的成就感。亚马逊公司内部的这类员工身上都有一些共性的特点。

(1) 有明确的工作目标，能够自我激励进行工作。他们的热情投入是不分岗位的，只要可以实现自我，就可以在实际当中投入足够的信心和热情。

(2) 制订周全细致的工作计划，并对自己的工作目标进行细致分类，思考每一个细分目标的实现过程，再完成整个计划。

(3) 严格执行自己制订的工作计划，并在完成过程中适当地用奖励来激励自己，如果没有完成也会适当地给自己一些小惩罚。

劳逸结合, 张弛有道

中国有句古话说得好: "一张一弛, 文武之道。"当动则动, 当止则止, 无论多么热情工作的员工若是没有合理地调配好工作和休息, 也不能始终保持很高的工作热情。现代社会, 很多人一辈子都不知道什么时候动, 什么时候停。贝索斯不允许自己的员工只动不停或是只停不动, 亚马逊总是希望员工都能劳逸结合、张弛有道。

或许有人工作很热情, 有火热的激情、浓厚的兴趣、充足的精力和精湛的技术, 但巨大的工作压力和沉重的工作任务也会让员工感受到工作给自己带来的疲惫感。亚马逊作为一个跨国公司, 业务量总让很多人感受到工作压力无处不在, 有些员工在其中为了达到高效的工作业绩总是不知疲倦地工作, 拼命加班, 还把本应该用于休息和娱乐的时间都编入自己的日程表, 即便在某一项工作上取得了一定的成效, 获得了上司的青睐、同事的尊重, 在一定程度上实现了自我价值, 但透支了自己热情的做法, 贝索斯并不提倡。他要求员工在适当的时候要休息, 即便自己的对手有时候已经跑在了自己的前面, 从容地从自己面前经过, 更接近终点, 也不用太过超越疲惫, 该休息的时候必须休息, 这一过程实际是给自己补充能量的过程。过分地要求自己去努力工作的员工, 亚马逊总是劝说他们好好休息, 别在疲倦的时候勉强支撑, 直到筋疲力尽才迫使自己停下来修整, 如果没有得到好的休息, 即便是付出了更多的汗

水，却得不到比他人更多的回报。

亚马逊有很好的员工休息制度和福利制度，来保证员工可以在合适的时间取得相应的休息与活动时间。贝索斯从创办亚马逊的第一天开始就有了自己关于员工休息的相应理念，一般来说，他会在公司经营的淡季当中抽出一段时间作为员工的福利月。不但为他们建造学习平台，也会根据业绩完成的情况来提高员工的待遇。贝索斯知道劳逸结合才是管理员工团队的王道，要让员工投入全部的热情在工作中，就一定也要给员工一些休息的时间。在贝索斯的亚马逊当中，这项制度从1994年一直延续至今。贝索斯用这种方式换来员工对自己的信任和更多的热情。要知道，再能干的员工也是普通人，而不是一台每时每刻都保持高速运转的永动机。在如此紧张激烈的市场竞争情况下，学会劳逸结合比什么都重要，贝索斯知道再强壮的人才都有疲劳的时候，所以为了保持健康的体魄、充沛的精力，必须适当地放慢脚步，经过休息以后恢复精力再整装待发。贝索斯所应用的其实就是现代管理模式中关于以人为本的管理模式。

人们常说："身体是革命的本钱。"这句话不只是一句空洞的口号，更多的是要应用到企业管理中的管理理念。劝说员工休息不是让员工放弃自己的工作热情，贝索斯认为是要保证员工的健康，这就好比一座能够给员工提供源源不断的追求梦想的能量的宝藏，若是自己的员工失去了这座宝藏，那是非常可怕的，无论什么都无法进行补偿。

休息和工作是相对的两个概念，通常理解下的休息多是静止休息，所以人们总狭隘地认为休息就是睡觉等静止的活动，那么过多地休息就会影响到工作的进程，于是为了工作能够顺利完成就不断地减少自己休息的时间，渐渐地，抱怨工作紧张、休息时间少等的人就开始越来越多，这些人其实说起来都是不懂得休息的人。

贝索斯所理解的休息并非如此，不是简单地等同于睡觉。就像他自己所说的那样，很多时候，他给予员工的休息空间更多的时候是用来培训或是放松自己的。因此，贝索斯眼里的休息是工作持续进行下去的保证，工作有时候是另一个意义上的休息，并不是所有的休息都要占据工作时间。员工工作累了，就要换一种形式，或许还是工作，但已经在休息，这样有张有弛的方式让亚马逊的员工感受到了对工作兴趣的延续，能够提高自己的工作效率了，还会让长期处于紧张状态下的某个部位或是大脑的某个区域得到很好的休息和放松。贝索斯感觉在放松的状态下，让员工转换一下心态，其实是在休息时期内为接下来的工作任务所做的充分准备。这个道理很好解释，在亚马逊内部随时都可以看到那些工作累了的员工在感觉累的时候伸个懒腰，或是起来去给自己或是同事倒一杯咖啡或是泡杯茶，这在工作节奏非常紧张的互联网行业企业内部几乎很少见。这就是暂时的休息和放松，还能给员工创造一个整洁的办公环境和温馨的工作氛围。

在休息时间内学到的技能和知识常常是人们意料之外的，可能会对自己的工作有很大的帮助，既然如此，作为管理者的贝索斯自然不会放过这种管理方式，并在管理当中加以灵活应用。即便是在抽不出专门的时间为亚马逊的员工进行放松休息的时候，贝索斯仍然会采用另一种工作方式让员工来休息，在不停止工作的情况下收到良好的效果。

第十五章
危机感 & 学习
——今天只是互联网发展的第一天

互联网是个年轻的行业，参与其中的人总是年轻的、充满活力的，已经掌控亚马逊长达 18 年的贝索斯也已经算不上这个行业的年轻人了，这份危机感时时在贝索斯的心中荡漾，只不过危机感不代表危机，贝索斯知道每天都是互联网发展的新一天，危机感正是带给亚马逊的最佳的学习机会。

崇高的使命感

贝索斯很重视对员工使命感的培养，使命感首先是对亚马逊的忠诚度，对亚马逊忠诚的员工就必然会在工作中树立崇高的使命感，能够在工作中树立自己的责任意识，还能在工作中承担起自己的责任，这样的员工是有魄力和勇于担当的，这样的员工又何愁不能让亚马逊走向高峰呢？

不论古今中外，很多人都对敬业者有着很高的评价。宋代大理学家朱熹就曾经说过："敬业者，专心致志以事其业也。"意思是说，但凡是敬业的人，都会对自己的事业专心致志。而对现在的人来说，发展自己的事业其实就是要在经营事业的过程中完成自己的人生使命，实现自己的人生价值，如此，立业才显得有价值。任何一个企业的员工要是都有了这样的想法，个人价值的实现和公司的发展就有机地结合起来了。

贝索斯要的就是这样的结合。他需要亚马逊内部有一股凝聚在一起的企业核心理念，每一个员工通过树立崇高的使命感而凝聚起来。亚马逊的业务不单纯的以赢利作为自己的唯一目的，也就是说，贝索斯所追求的不单纯只是亚马逊的利润问题，更多的是要在利润最大化的基础上承担一定的责任，给亚马逊赋予一定的使命。因为他明白，以往那些已经获得成功的企业之所以可以长时间地获得延续性的发展，靠的就是承担了崇高的使命，为社会承担了相应的责任。以客户至上的亚马逊正在这条道路上寻觅着自己的发展方向，在谋取自身利益的同时，贝索斯也把客户的需求放在亚马逊发展的最高原则上，自觉为社会履行自己的义务，这也凸显了贝索斯作为一个成功的企业家具备了很高的修养。

贝索斯说过，使命感其实一点儿都不难理解，它就是整个企业的核心价值观，是用来衡量一个企业是否有良知的最佳标准。亚马逊在市场上不仅仅只是一个简单的企业的角色，更多时候它还是一个"社会公民"，如果只是认为亚马逊是一个简单的经济组织，那就无法领会亚马逊为客户服务的最高原则。亚马逊在社会上就积极地在扮演好它公民的角色，无论是什么样的经营方式或是目标，贝索斯始终背负着他崇高的使命感，用这种使命感来定位自己的企业和自己，总的来说就是在为客

户服务，为完成某种社会责任来经营的。

很多时候，贝索斯并不十分强调亚马逊的赢利，那么亚马逊获取的利益究竟是为了什么？贝索斯说过亚马逊的所有赢利、所有财富的积累都不仅仅是为了亚马逊企业本身，或是亚马逊的管理团队服务，因为这一切赢利的第一获益者还应该是亚马逊的客户，因为赢利使亚马逊获得更多的机会、为客户提升服务质量的资金和财富。所以对于亚马逊来说，赢利一方面是为了每一个为亚马逊服务的员工服务，而另一方面是要通过服务的提升以及税收等为自己的客户群提供更大化的服务。亚马逊的崇高使命感就体现于此。贝索斯所说的使命感到现在来看几乎赢得了全球业界大多数企业管理者的认同，特别是那些跨国公司的大企业，它们更是从亚马逊的成功中认同了贝索斯的这种理念。

贝索斯所说的使命感究竟有多少神秘的力量？他对亚马逊的发展起到了多大的力量呢？这个看似很神秘的话题，如果通俗地说，也就是贝索斯在亚马逊发展过程中常常在思考的两个问题，也就是这两个问题对于使命感的思考给亚马逊带来了可喜的发展。第一个问题是亚马逊必须首先考虑自己的经济收益，因为没有经济收益一切都显得那么苍白和无力；第二个问题才是使命感和为客户考虑的问题，在获得经济收益的同时，不能只为了经济收益而追求收益，更要考虑到自己的客户、自己所服务的人群，如何应用这些经济收益为亚马逊的客户更好地服务。贝索斯的使命感具体分析起来重要体现在以下几点。

第一，使命感是亚马逊生存和发展的精神支柱。前面已经提到使命感是贝索斯认为推动亚马逊自我塑造核心竞争力的一个重要的内在动力，因此贝索斯习惯向亚马逊的员工去灌输某种使命感的作用，让所有员工都形成一种共识，从而对自己和整个亚马逊的行为一致管理。最终，这种崇高的使命感会成为亚马逊持续发展的精神支撑力，决定了亚马逊未来的发展方向。

第二，亚马逊的使命感决定了它的价值观和未来发展的方向。使命感很多时候决定了个人的价值观，一个企业也是如此。亚马逊的崇高使命感决定了其作为一个企业不仅仅是以赢利为最终目的，它同时还是一个文化和经济的共同体，它的企业文化对行业中的诸多企业都有很大的影响，而这种影响不全然是经济上的影响。经过很长一段时间的沉淀，这种影响都会变成亚马逊对外的特色。

第三，员工的使命感可以让亚马逊为他们找到方向。在亚马逊工作的员工都在统一的最高理念中树立起了自己的使命感，用来约束自己的行为，作为自己的一个行为导向起到一定的规范作用。员工是贝索斯决策的执行者，若是在执行过程中可以受到使命感的约束的话，那么他们即将在执行中彻底地贯彻亚马逊的最高原则。

第四，亚马逊通过使命感来凝聚自己企业的向心力，增强企业的合力。对于每个员工来说，使命感在很大程度上约束了他们的行为，规范了他们的做法，对于企业来说，使命感的作用是相似的。曾经有位日本的经济学家提出过一种"车厢理论"，这一理论中提到每个企业都好比是一辆电气列车，每节车厢都装有马达，它们依靠各自的动力一起推动车辆前进，这种叠加的力量是不容小觑的。企业也是这样，就像亚马逊，每个员工都依据亚马逊的最高原则来树立自己的崇高使命感，这种凝聚起来叠加的力量就可以像一种黏合剂一样，把所有人的力量凝聚起来，形成亚马逊的合力，推动亚马逊的车轮不断往前行驶。这种强大的

力量不来自外部，而来自内部的凝聚力。

在亚马逊，贝索斯强调自己的企业生存的最终目标是为了服务客户，所以亚马逊从一开始就坚持自己的定位是为了满足客户的需求，而绝非只是从客户那里获得越来越多的利益。应该说，满足客户的需求是亚马逊的使命和最高宗旨。对亚马逊来说，使命感就成了贝索斯最关心的事情，它关系到亚马逊下一步要从哪里起步，又将走向哪里的大问题，是亚马逊存在的意义和生存价值的全部概括，也是亚马逊所有行为的出发点和原动力。

在贝索斯最初提出客户至上时，不少人还对此表示怀疑，时至今日，越来越多的人开始认识到，亚马逊这种不仅仅追求利益最大化，还要树立崇高使命感的做法确实很引人注意，而且也给亚马逊带来了巨大的胜利。植根于社会中的亚马逊用一种很宽泛的经营理念，用一种具有广泛的社会意义和道德观念的服务模式来说明了使命感的重要性。

主动学习

这个世界没有天才，按照鲁迅先生说的，天才不过是把别人喝咖啡的工夫用在了学习的工夫上罢了。从一开始就没有人认定贝索斯是个互联网行业的天才，还有人质疑他的能力和做法。十几年来，他用亚马逊的成绩证明了自己的能力。

　　从亚马逊诞生的那一天起，贝索斯的能力问题一直都是人们所关注的话题，这也难怪，毕竟贝索斯的能力决定了亚马逊的发展前景，另外在亚马逊的管理过程中，贝索斯的能力确实是其中的核心话题。传统管理学上的管理者必须是具备突出的知识水平和管理能力才能胜任管理的工作岗位。贝索斯似乎不完全同意这种观点，外部事物在不断变化，在激烈的市场竞争当中，贝索斯要求自己也要和员工一样随时更新自己的知识和技能，不能总满足于现状，否则迟早会因为没有根据市场的需求提升自己的综合素质，而在竞争中败下阵来，最终被市场淘汰。如果用一句话来形容贝索斯的话，那么中国的那句老话"活到老，学到老"用来形容贝索斯相信是最为贴切的了。

　　学习对于贝索斯来说是个很自主的过程，需要自己主动根据外界的变化来不断调整自己的状态、发挥自己的主观能动性来保持学习的热情。对于亚马逊的业务扩张，贝索斯时刻准备着让自己学习更新的知识和技能，总在不同的经历中磨炼自己。很多时候，贝索斯的管理能力都是在实践、失败、再实践当中获得成功的。所以对贝索斯来说，学习是非常重要的，自主学习更是重中之重。有了自主学习才会有提高，贝索斯自身才会获得一定的提高，这是贝索斯责任感的一种重要的体现，也体现了他自身非常高的素质和思想觉悟，而这一切都是在实践和经验中摸索出来的。

　　贝索斯给自己设定的学习要求从不简单，而是一个非常宽泛的概念，其中的形式和内容都比较丰富。贝索斯时常对员工提出的要求其实就源于对自己的学习要求，他不仅要从他人的经验中学习，学习他人的间接经验，同时也要从直接的经验中去学习，所以自我反省和自

我批评就显得很重要。此前的无数次失败以及客户的抱怨，贝索斯接到这些都感到十分高兴，是发自内心的高兴，只是因为这些失败的经验可以给予亚马逊和贝索斯改进旧的管理知识和管理方法，是学习新的管理学知识和管理方法的重要途径。贝索斯的学习最终目的是为了更好地付诸实践，把自己所有所掌握的知识和方法应用到亚马逊的管理当中。贝索斯总是在不断地提高对自己的要求，提高自己面对问题、分析问题、解决问题的能力，并在工作中提高自己的预见性，增强创造性和综合管理能力。

中国古代思想家荀子在自己的《劝学》篇中提道："学不可以已"、"不积跬步，无以至千里；不积小流，无以成江海。"他只为劝人们要不断学习，才能持续地进步。综观世界上众多成功的企业家，几乎所有的成功者都是在持续地要求自己当中获得自我提升和提高。贝索斯和这些企业家一样，始终不放松自我学习，在他 40 多年的人生当中，他不论是在学校里学习，还是后来的创业经历，他总是不间断对新技能和新知识进行吸收。贝索斯对刚刚进入亚马逊的年轻人说学习总无止境，一定不要总是满足于现状，那样只会止步不前，也就难以有创意。贝索斯是个非常爱读书的人，他总是凭着自己坚强的意志和顽强的毅力，还有持之以恒的精神，在不间断的学习中慢慢充实自己、提升自己，从而在互联网界脱颖而出，取得让人仰慕的辉煌成就。在创办亚马逊之前，贝索斯是如此要求自己的，就算是在他成功之后，他也没有改变这方面的要求，依旧是坚持自我学习的习惯，不安于现状，故步自封，总是在新知识、新事物面前保持创新思维的习惯。亚马逊的每一步发展几乎都离不开贝索斯的这个习惯，也因此，亚马逊的道路可以走得更远、更宽。或许世界上成功的人千千万，但成功的奥秘对于贝索斯来说只有一个，那就是学习、再学习。

李嘉诚曾经说过："在知识经济的时代里，如果你有资金，但缺乏知识，没有最新的讯息，无论何种行业，你越拼搏，失败的可能性越大；但是你有知识，没有资金的话，小小的付出就能够有回报，并且很有可能达到成功。现在跟数十年前相比，知识和资金在通往成功的道路上所起的作用完全不同。"李嘉诚如此，贝索斯亦是如此。曾有人问过贝索斯，自己创造了一个如此庞大的零售帝国究竟靠的是什么，贝索斯的回答十分简单，不论是什么，最重要的还是要让自己时时刻刻保持学习的姿态。只要亚马逊可以以一种非常诚恳的姿态去面对自己的客户和市场，那么一切都可以很轻松地解决。

在亚马逊内部，贝索斯不但重视自己的学习，也很重视自己管理团队自学能力的培养。他始终信仰："机会是留给有准备的人的。"成功也是如此，贝索斯知道，即便是天才，也要经过后天的努力才能有所建树。贝索斯的管理才能不是与生俱来的，而是经过长时间的积累和锻炼获得的，所以他不认为管理者有天赋这一说，他总在挑战所谓的天赋说，他认为还是需要对专业知识的学习和实践才会有所体会，否则成功总是遥遥无期。只有那些在锻炼中锤炼自己的人，机会才会来到他们身边。

没有永远的强者

　　"强者恒强"是不可能存在的，贝索斯从来就不认为有人可以一直强下去。无论是强还是弱，他都认定必须是在现实的基础上经过检验才能得出正确的结论。从辩证学的角度来说，"强者恒强"也是不科学的，"没有永远的强者"才是现实最终的法则。

　　那么贝索斯的亚马逊如何做强，并长期保持在市场上的强，就真的是个很难解决的问题了。亚马逊要做强，贝索斯认为首先要具备很强的抗风险能力，要经得起经济和市场的随时变化和波澜起伏。如何去进行内部控制是贝索斯较为关注的一点，内部控制是为了防止亚马逊内部出现一些低级的错误，同样地，就算是再聪明的人，在亚马逊也是要在内部控制之下避免自己的错误。所以这个内部控制体系几乎是凌驾于每个人之上的，不论是谁都要接受公司的内部控制体系的制约，否则亚马逊就很可能因为一个小小的错误而走向失败。

　　贝索斯作为一个强者，很清楚地认识到了这一点，于是亚马逊内部的控制系统很好地控制了微小错误出现的可能性，亚马逊总能很好地做到防微杜渐、居安思危，始终让自己保持一个奋斗的状态，开拓创新，让自己在强者的道路上越走越远，越变越强大。

　　强和弱之间本来没有严格的界限，强者非恒强，弱者非恒弱，滴水能穿石，百炼钢也未必能抵得过绕指柔。强和弱彼此都有自己的优点和缺点，从亚马逊的发展来看，贝索斯认为大型的企业总是存在或多或少的问题，但这些问题如何能不成为自己变强的阻碍，这是要思考的一个重要问题。

首先，大型企业要始终保持高速增长要比小型企业难得多，要一直保持利润和收益的增长更是难上加难。在这个各行业都步入低谷增长期的今天，贝索斯总要面临消费者非常挑剔的眼光，保证亚马逊的强势就要从服务客户开始。

其次，创新是非常必要的，没有什么东西会是市场上永远畅销的。更何况，如今的市场需求变化越来越快，再好的产品都会被模仿和被突破，因此创新在其中的作用就越来越惹人注意。很多事实都向贝索斯证明，没有巅峰也就没有陨落，往往很多产品在成为畅销品后，后续的模仿和突破让最初的那个原创者失去了最初的优势，不可避免地，这些曾经的巨无霸就被淹没在历史前进的潮流当中了。

最后，所谓的"高处不胜寒"就说明越是发展得好的企业，就越容易受到冲击。

失败不过只在一念之间

在亚马逊经营的十几年里，贝索斯所经历的风险绝不少于任何人。所谓的风险其实并没有想象中那么可怕，贝索斯总把风险看作是危险和机会的综合。所以他总是让自己充满了冒险精神，让自己拥有三方面的

"商"：一是智商，经营亚马逊首先要精明，要对现有的形势做出有利合理的判断，对事物有较强的前瞻性，这是管理者的智慧和能力的体现。二是情商，贝索斯能够把亚马逊的事业成功推销出去，这就是贝索斯的情商所在。三是险商，也可以称为胆商。贝索斯在风险面前总是勇于冒险，在险中求胜是贝索斯最擅长的了。所谓冒险是要冒三分险，获五分利。善于应用这一点的贝索斯找到了自己成功的最终道路。

贝索斯眼里的风险通常只有两种发展方向，一种是演变成风险，让企业陷入了危险的境地，这显然不是贝索斯所做的。而另外一种就是转化成机会，经过一场暴风雨之后，就会让亚马逊焕然一新，走向新的挑战。而这两种发展方向的取舍只在于管理者如何去面对风险、如何采取措施，采取什么措施、如何积极地引导，等等。贝索斯不会让自己的亚马逊在错误的引导当中误入歧途，导致最终的惨败。作为亚马逊的掌门人，他的智商、情商和险商都恰如其分地在风险到来时起到作用，避免亚马逊出现生存危机。

并不是所有的失误都和外界有关，管理者的决策失误也会带来致命的危害。贝索斯总在借鉴其他企业的失败案例中避免自己的亚马逊重蹈覆辙，例如黯然、世界通信公司和宝丽来等大型企业之所以在巅峰时期后陨落，就和企业内部的管理失误有着莫大的联系，贝索斯很是引以为戒。具体点说，这些公司的陨落究竟是因为什么？其实不同的企业所经历的各不相同，贝索斯通过比较分析却发现这些企业的陨落背后都掩藏着相似的原因和规律，这些原因和规律都对亚马逊有着警示和借鉴的作用，对亚马逊的发展大有裨益。

2001年，美国有统计数据显示有257家公司宣布破产，总资产损失达 2580 亿美元，其中不乏一些世界 500 强企业。贝索斯针对这份报告做了详细的研究和分析，最终发现这些企业的陨落实际上和人生病有很多相似之处，通常在最初的时候，总是没有太多让人察觉的症状，也很容易被治愈，但当病情恶化到一定程度的时候，症状就开始变得明显了，直到病入膏肓的时候，想要治愈，难度就非常大了。企业也是如此，表面上一开始并没有太多的问题，但病已经存在了，只要病症真正暴露出来之后，那就无力回天了。这些公司之所以陨落，通常人们都认为是经济低迷、市场动荡、竞争激烈等不可控的原因造成的。贝索斯的分析有很大的不同，他在数据的分析中发现除了外在的原因之外，还有一个重要的原因就是管理上的失败。

那么贝索斯分析出来的这些原因具体是什么呢？

1.短暂的成功会让人一时脑热

欧里庇得斯曾经说过一句话："神要让谁灭亡，必先使他疯狂。"生活和工作中的很多琐事都让贝索斯明白，经历了成功之后，不少人都会一时间被成功冲昏了头脑，而作出不够明智的选择，这时候冷静比什么都重要。这也就是为什么很多大公司会在巅峰后一下陨落，反倒是在尚未取得成功的阶段尚能保持清醒和冷静，这种状态重在坚持。

2.应对市场不能及时做出调整

市场是企业管理和经营的最重要风向标，若是忽视了这个要素，企业的管理就会出现困难。宝丽来的陨落就和市场有莫大的关系。2001年，宝丽来因为欠下了巨额债务不得不申请破产保护。导致它陨落的深层原因是，市场的冲击给宝丽来带来了创新的压力，而宝丽来并没有适时地更新自己，对自己进行突破，最终被市场淘汰。贝索斯总结了宝丽

来的机构，认为它面对市场的变化没有及时地更新自己的产品和服务，迟迟无法做出相应的调整，在技术层面上更是故步自封、毫无突破，这就是管理上的失败。而管理者在这期间只是单一地认为企业糟糕的业绩是因为货币波动和局势的混乱造成的，忽视了深层的原因，才导致了企业的陨落。

3.下属比怕对手还怕自己的上司

心理学家丹尼尔·戈尔曼曾经说过："下属有时候害怕将真实的情况告诉自己的上司，这就导致了企业的 CEO 有时不能够得到准确的信息，也就不能够作出明智的决策。"贝索斯知道，上司必须要有上司的正确姿态，要能够积极听取下属的声音和意见，而作为下属，也要敢于向自己的上司发表看法，这才是健康的公司上下属关系。只有这样，企业上下才能达到精诚合作，也可以避免一些不必要的损失和失误，让企业更好地发展。

4.盲目要求高风险

贝索斯不愿意让自己的亚马逊始终追求高风险和高收益，风险应当是适度的，这样才能让亚马逊更健康地发展，否则就会适得其反，那么因此所造成的损失就很难挽回了。

5.频繁改变经营战略,公司在变化中很难保持稳定

贝索斯在分析数据中发现，很多优秀的公司之所以陷入困境，是因为管理者频繁地变动自己企业的经营战略。管理者在发现企业出现一些消极的苗头时，就去寻找权宜之计，而不是慢慢地冷静下来去思考是否能够有更好的方式可以改变现在的状况。这样做，企业只会不断地经历变革，反倒是适得其反。贝索斯在亚马逊出现危机时，总是提醒自己要冷静下来，认真思考，寻找问题的根源是什么，再找准方向坚定地走下去，不是随意地去变动自己的经营策略，这样做是不科学、不理智的。

别让危机感成为危机

贝索斯很重视危机管理，对于危机感的强调，贝索斯似乎比谁都要强烈。亚马逊存在于这个高速发展的现代社会里，每时每刻都有新的挑战和挫折，遇到危机时，贝索斯从来不慌张，他带领的亚马逊总是可以镇定自若、坦然面对，这种沉稳的心态几乎是很少见的，如此，遇到危机，贝索斯总不至于惊慌失措。

亚马逊在一些无法预料的灾难或是外部条件发生突然改变的情况下，即便是陷入危机，都不会因此一蹶不振，反倒是在危机中找到一些可以汲取的经验，重新站立起来找到更合适自己发展的道路。所以贝索斯被很多人称作是个善于扭转危机的人，他总能让亚马逊面临的危机转化为良机，并通过他那过人的智慧和敏锐的商业嗅觉来开拓创新，勇于突破。

危机管理对于亚马逊来说是个很重要的研究课题，亚马逊的良性发展总是离不开贝索斯所建立的危机管理机制，尤其是危机公关，贝索斯在这方面可谓做得相当出色。亚马逊在这方面的策略并不复杂，其实就是冲着贝索斯所说的客户至上的理念去的，于是在亚马逊遭遇到市场或是客户的危机之时，总是可以在其中通过成熟的公关手段来化"危"为

"机"，实现一种良性的转变。当然，这种转变是需要很成熟的营销策略的，最主要还是要依靠贝索斯和亚马逊对待危机时的态度。对于亚马逊来说，贝索斯面对危机时的积极态度是转危为安的一个重要前提条件。危机毕竟是危机，它存在着很大的风险，但从另一个侧面来看又是个绝好的机会。就拿互联网的经济泡沫来说，总是有大部分的企业因为危机而受到很大的冲击，但像亚马逊这样的企业却可以在这样的风暴中迎头而上，屹立不倒。因此，对于很多年轻的创业者来说，贝索斯的经验实在是很值得研究、学习和参考的。

首先，是在危机面前临危不乱，随时找到突破口，化危机为良机。大多数时候危机来临时都没有先兆，这也是为什么很多人无法淡然面对危机的重要原因之一。贝索斯一向都不会害怕，总能从正面突破这种危机，靠自己执着的理念迅速行动起来，在危机中寻找良机，让自己的亚马逊更加迅速地跨越危机，也让自己的事业更上一个台阶。

危机会给亚马逊带来重创的风险，也会让很多股东在某个时间段对亚马逊的投资产生一定的怀疑，不论如何，贝索斯都会毅然地坚持自己的观点，抓住一切可以让危机转化为良机的机会，把亚马逊的事业推向最高峰。这其中，贝索斯的商业头脑水平从中凸显，也看到了贝索斯在面对危机时所表现出来的勇气和决心。除此以外，要转换危机为良机还有个重要的因素，就是要找到一个正确的突破口。贝索斯似乎很擅长于为亚马逊找到合适的突破口。亚马逊找到了突破口以后，接下来要做的就是让自己冲出危机，看到更广阔的发展机会和发展天地。

其次，换个角度就可以让自己的道路豁然开朗。在自己遇到困难的时候，换个不同于传统的角度，或许就会一瞬间豁然开朗。贝索斯似乎习惯了为亚马逊另辟蹊径，"条条大路通罗马"，贝索斯从来都不相信通往成功的道路只有一条，而且他一向都认为自己的道路也是正确的。传统的道路在他看来有太多的弊端，那么就应该此路不通，另寻他路。贝索斯总是依据自己的想法、根据客户的需求来制定亚马逊的发展道路，放开思路，灵活地规划自己的事业路线和公司的经营模式，让自己和公司都获得更多的成功机会和更多努力的方向。

　　一般来说，企业在面临自己无法掌握和控制的危机的时候，管理者若是可以换一个角度去思考问题的话，就可能会有惊喜的发现。而每一次危机如果都可以以此来面对，那必然会为自己的企业创造越来越多的发展机会。贝索斯习惯了在每一次危机来临时都去找到一个新的增长点，为亚马逊的下一次发展找好起点。因而在危机来临时，人们并没有看到亚马逊被危机所击垮，而是巧妙地在贝索斯的转换之下化解了危机所带来的灾难。尽管也有时候，亚马逊在危机中承受了不少的损失，但后来的崛起却更是一种伟大的成功，这种成功的背后隐藏着贝索斯个人的智慧。灵活处理危机、化解灾难是管理亚马逊最成功的所在。面对所有人都几乎失望和绝望的时候，贝索斯从来都不抱怨，他无所畏惧的性格让他感受到了其他希望的存在，于是在颓败的局面前面，他总是可以迅速调整自己的思路，重新打开市场，获得灾难后的成功。更重要的是，贝索斯经过危机之后总会为亚马逊挖掘出一个对企业影响巨大的商业理念，并最终凭借这个伟大的商业理念获得更大的成功。

　　第三，危机总是和机遇并存，要学会从危机中寻找机遇。人们总说机遇和挑战并存，危机中也蕴藏了不少机遇，不论是哪一类的危机都可以成为发展的最终契机。贝索斯明白在真正的危机爆发时，如果可以正

确地面对，措施得当，是可以为亚马逊找到危机之后的成功机遇的。所以当危机来临时，要做的是迂回着去避开那些不利的条件，去寻找背后更有力的条件，找寻危机中的财富，化危机为良机，把握事业成功的契机所在。